T0129802

essentials

essentials liefern aktuelles Wissen in konzentrierter Form. Die Essenz dessen, worauf es als „State-of-the-Art" in der gegenwärtigen Fachdiskussion oder in der Praxis ankommt. *essentials* informieren schnell, unkompliziert und verständlich

- als Einführung in ein aktuelles Thema aus Ihrem Fachgebiet
- als Einstieg in ein für Sie noch unbekanntes Themenfeld
- als Einblick, um zum Thema mitreden zu können

Die Bücher in elektronischer und gedruckter Form bringen das Expertenwissen von Springer-Fachautoren kompakt zur Darstellung. Sie sind besonders für die Nutzung als eBook auf Tablet-PCs, eBook-Readern und Smartphones geeignet. *essentials:* Wissensbausteine aus den Wirtschafts-, Sozial- und Geisteswissenschaften, aus Technik und Naturwissenschaften sowie aus Medizin, Psychologie und Gesundheitsberufen. Von renommierten Autoren aller Springer-Verlagsmarken.

Weitere Bände in der Reihe   http://www.springer.com/series/13088

Tristan Marhenke

Sexuelle Störungen

Eine Einführung

 Springer

Tristan Marhenke
Köln, Deutschland

ISSN 2197-6708   ISSN 2197-6716   (electronic)
essentials
ISBN 978-3-658-32168-0   ISBN 978-3-658-32169-7   (eBook)
https://doi.org/10.1007/978-3-658-32169-7

Die Deutsche Nationalbibliothek verzeichnet diese Publikation in der Deutschen Nationalbiblio-
grafie; detaillierte bibliografische Daten sind im Internet über http://dnb.d-nb.de abrufbar.

Planung/Lektorat: Heiko Sawczuk
Springer ist ein Imprint der eingetragenen Gesellschaft Springer Fachmedien Wiesbaden GmbH
und ist ein Teil von Springer Nature.
Die Anschrift der Gesellschaft ist: Abraham-Lincoln-Str. 46, 65189 Wiesbaden, Germany

Was Sie in diesem *essential* finden können

- Eine Einführung in die wichtigsten sexuellen Störungen.
- Die Darstellung von Epidemiologie, Ätiologie und Behandlung sexueller Funktionsstörungen, Paraphilien und Geschlechtsdysphorie.
- Die wichtigsten empirischen Erkenntnisse der Sexualforschung.

Inhaltsverzeichnis

Einleitung

1

Sexualität ist ein zentraler Teil menschlichen Daseins und kann Identität ausmachen, Wohlbefinden bewirken und Bindungen stärken. Beeinträchtigungen und Störungen dieses Teils der menschlichen Identität können daher tief greifende Auswirkungen haben und zu schweren Belastungen führen.

Psychologen, Mediziner und Sozialarbeiter begegnen häufig Menschen mit Problemen und sexuellen Störungen. Dabei können diese Probleme von den Patienten[1] direkt angesprochen werden, zum Teil werden sie jedoch nicht oder nur auf Nachfrage berichtet. Damit einhergehend variiert auch der Leidensdruck der Betroffenen. Einige Störungen verursachen Leidensdruck aufgrund der Symptomatik selbst, manches Leiden ergibt sich stattdessen vielmehr durch die Reaktionen der Umwelt und aufgrund mangelnder Akzeptanz.

Der Aufbau dieses Einführungslehrbuchs orientiert sich am „Diagnostic and Statistical Manual of Mental Disorder" der American Psychiatric Association (APA) in seiner aktuell 5. Auflage (DSM-5), da das DSM-5 ein zentrales Klassifikationssystem psychischer Störungen und Grundlage vieler Forschungsergebnisse ist. Zudem ist das DSM-5 maßstabsetzend für das ab 2022 gültige Klassifikationssystem „International Classification of Mental Disorders" (ICD-11) der Weltgesundheitsorganisation. Im DSM-5 werden die Formen der Sexualität abgebildet, die nach aktuellem wissenschaftlichen Verständnis vor dem Hintergrund gesellschaftlicher Normen Störungswert haben.

---

[1] 1 Aus Gründen der besseren Lesbarkeit wird diesem Buch das generische Maskulinum verwendet. Dies impliziert immer beide Formen, schließt also die weibliche Form mit ein.

© Der/die Autor(en), exklusiv lizenziert durch Springer Fachmedien Wiesbaden GmbH, ein Teil von Springer Nature 2020
T. Marhenke, *Sexuelle Störungen*, essentials,
https://doi.org/10.1007/978-3-658-32169-7_1

1

In der vorliegenden Publikation werden sexuelle Störungen in drei Berei-
che unterteilt: die sexuellen Funktionsstörungen (1), die Paraphilien (2) und die
Geschlechtsdysphorien (3). Die sexuellen Funktionsstörungen beschreiben dabei
Probleme, die mit dem ‚normalen' Ablauf eines Geschlechtsverkehres auftreten
können, beginnend mit Problemen der Lustgewinnung, der körperlichen Erregung,
der Aufrechterhaltung der Erregung sowie der Orgasmusfähigkeit, also Probleme
mit Funktionsweisen von Sexualität. Paraphilien beschreiben sexuelle Neigungen,
die von der empirischen Norm abweichen und sich vor allem auf das Objekt der
sexuellen Erregung beziehen,das heißt Probleme mit den sexuell begehrten Personen bzw. Objekten. Geschlechtsdysphorien umfassen Probleme und Leiden, die
bei Personen entstehen, die sich nicht mit dem ihnen bei der Geburt zugewiesenen
Geschlecht identifizieren können,also Probleme mit der geschlechtlichen Identität.

Der Aufbau der einzelnen Kapitel erfolgt jeweils nach dem gleichen Schema
und beinhaltet diagnostische Kriterien, eine einführende Beschreibung, epidemio-
logische Daten, ätiologische Annahmen und grundlegende Behandlungsempfeh-
lungen. Die Inhalte basieren auf Fachliteratur auf dem neuesten wissenschaftlichen Stand. Dabei werden Sie wiederkehrend auf ‚Studious Sophie' und ‚Therapy
Tara' treffen, die Sie durch das Buch führen, Wichtiges hervorheben und Prak-
tisches verdeutlichen. ‚Studious Sophie' ist eine Studentin mit einer Vorliebe
für wissenschaftliche Fakten und sexualwissenschaftliche Grundlagen. ‚Therapy
Tara' arbeitet praxisnah mit Patienten und tritt in Erscheinung, um nützliche
Hinweise für den Umgang mit Patienten zu geben.

Das Buch soll eine kurzweilige Einführung und zugleich einen fundierten
Einblick in Sexualität und sexuelle Störungen bieten. Alle relevanten Störungen
werden in diesem Band abgedeckt und machen hoffentlich Lust auf eine noch
intensivere Beschäftigung mit dem Thema Sexualität in Studium und Beruf.

Sexuelle Funktionsstörungen

Die Einteilung von Störungen in die Gruppe der sexuellen Funktionsstörungen basiert auf dem sexuellen Reaktionszyklus von Masters und Johnson (1966), ein für die Zeit der Veröffentlichung bahnbrechendes Modell, das die sexuelle Reaktion von Menschen in vier Phasen unterteilt. Diese sind die Erregungsphase, die Plateauphase, die Orgasmusphase und die Rückbildungsphase und bilden einen idealtypischen linearen, zeitlichen Ablauf ab. Die in den folgenden Kapiteln beschriebenen Störungen können demzufolge immer einer dieser vier Phasen zugeordnet werden.

Bei den diagnostischen Kriterien des DSM-5 (2015) gibt es für jede Störung mehrere Kriterien, die mit A-, B-, C- und D-Kriterium abgekürzt werden. Das A-Kriterium umfasst die Beschreibung der Symptomatik und wird zu Beginn des Kapitels erwähnt. Das B-Kriterium beschreibt, wie lange eine Symptomatik bestanden haben muss, damit diese Störung diagnostiziert werden kann, wobei häufig sechs Monate genannt werden. Das C-Kriterium beschreibt, dass die Symptome Leidensdruck verursachen. Und das D-Kriterium besagt, dass die Symptomatik nicht durch andere Ursachen besser erklärt werden kann. Aus Gründen des Umfangs werden die B-, C- und D-Kriterien in diesem Kurzlehrbuch nicht jedes Mal einzeln aufgelistet.

© Der/die Autor(en), exklusiv lizenziert durch Springer Fachmedien Wiesbaden GmbH, ein Teil von Springer Nature 2020
T. Marhenke, *Sexuelle Störungen*, essentials,
https://doi.org/10.1007/978-3-658-32169-7_2

2.1   Verzögerte Ejakulation (F52.32)

Definition nach DSM-5 (2015)

A: Eines der folgenden Symptome muss bei fast allen oder allen Gelegenheiten (etwa 75 % bis 100 %), bei denen die Person mit einem Partner sexuell aktiv ist, erlebt werden (in bestimmten situativen Kontexten oder, wenn generalisiert, in allen Kontexten) und ohne dass die Person eine Verzögerung wünscht:

1. deutliche Verzögerung der Ejakulation

2. deutlich reduzierte Häufigkeit oder Fehlen der Ejakulation

Was als eine ‚deutliche Verzögerung' bei Männern gilt, wird nicht genauer beschrieben. Um jedoch eine ungefähre Einschätzung zu bekommen, was als verzögerter Sexualakt wahrgenommen werden kann, wurde die sogenannte intravaginale ejakulatorische Latenzzeit (IELT), also die Zeit vom Einführen des Penis in die Vagina bis zur Ejakulation gemessen (Waldinger et al. 2005b). Der Median der Männer lag bei 5,4 min. Als ‚lang', gelten 22 min und darüber hinaus.

Verzögerte Ejakulation wird unterteilt in lebenslange und erworbene Symptomatik. Bei der lebenslangen Symptomatik besteht die verzögerte Ejakulation seit der ersten sexuellen Erfahrung, wohin gegen die erworbene verzögerte Ejakulation nach einer Periode normaler sexueller Funktion auftritt (Di Sante et al. 2016). Neben der verzögerten Ejakulations gibt es noch zwei verwandte Störungsbilder: die retrograde Ejakulationsstörung und die Anejakulation. Bei der retrograden Ejakulation wird beim Sex kein Sperma ejakuliert, vielmehr kommt es zu einem Rückfluss des Spermiums in die Blase. Dieses wird beim nächsten Urinieren abgelassen (Di Sante et al. 2016). Bei der Anejakulation kommt es zum vollständigen Ausbleiben der Ejakulation.

Therapy Tara erklärt:
Retrograde Ejakulation zeigt sich manchmal an weißem Urin.

Frag nach bei Männern, die Orgasmen erleben, aber nicht ejakulieren!

Die verzögerte Ejakulations ist von allen sexuellen Funktionsstörungen bei Männern die am wenigsten erforschte und verstandene Sexualstörung (Althoff 2012; Di Sante et al. 2016). Ein Grund dafür kann sein, dass viele Partner die verzögerte Ejakulation zunächst positiv bewerten, da die betroffenen Männer ihre

Partner lange penetrieren können. Dabei kann übersehen werden, dass die die Betroffenen durch die verzögerte Ejakulation gestresst oder beschämt sein können und Orgasmen vortäuschen (Althoff 2012). Zudem erschwert die verzögerte Ejakulation Schwangerschaften, wodurch die Störung häufig erst ins Bewusstsein rückt. Im klinischen Setting gilt männliche Unfruchtbarkeit daher als eine der zentralen Sorgen bei Personen mit verzögertem oder ausbleibendem Orgasmus (Jenkins und Mulhall 2015).

Epidemiologie
Werden Männer nach der Häufigkeit des Orgasmuserlebens bei sexuellen Kontakten befragt, so geben nur 25 % der Männer an, dass sie bei jedem Sexualkontakt zum Orgasmus kommen (DSM-5 2015), d. h., das Auftreten von ausbleibendem oder verzögertem Orgasmus ist zunächst einmal nichts Ungewöhnliches.

Sämtliche Störungskriterien erfüllen nach Di Sante und Kollegen (2016) bei der verzögerten Ejakulation 1 % aller Männer für die lebenslange Erscheinungsform und 4 % aller Männer für die erworbene Erscheinungsform. Die Anejakulation tritt bei schätzungsweise 0,15 % der Allgemeinbevölkerung auf (Kinsey et al. 2003).

Die Prävalenz von ejakulatorischen Dysfunktionen nehmen von 3 % bei Männern zwischen 50 und 54 Jahren auf 35 % bei Männern zwischen 70 und 78 Jahren zu (Blanker et al. 2001), was nach Di Sante und Kollegen (2016) Teil einer allgemein altersbedingt abnehmenden Ejakulationsfunktion bei Männern ist.

Ätiologie Die klassische Theorie zur Ätiologie der verzögerten Ejakulation stammt von Masters und Johnson (1970). Gemäß ihnen liegt die verzögerte Ejakulation an unzureichender mentaler oder körperlicher Stimulation, die oft mit verminderter Penisempfindsamkeit oder dem Alter in Verbindung gebracht wird (Althoff 2012). Dazu passt, dass psychophysiologische Studien zeigen konnten, dass Männer mit verzögerter Ejakulation auch verringerte sexuelle Erregung berichten (Rowland et al. 2004).

Ein weiterer Erklärungsansatz fokussiert insbesondere die Fantasien und das Masturbationsmuster der Männer (Perelman und Rowland 2006). Den genannten Autoren zufolge hängt verzögerte Ejakulation mit

1. einer hohen Frequenz an Masturbation,
2. dem Masturbationsstil, der in Geschwindigkeit, Dauer und Druck von der gelebten Partnersexualität abweicht, und
3. einer Disparität zwischen der gelebten Sexualität mit dem Partner und der sexuellen Phantasie während der Masturbation

zusammen.

Perelman und Rowland (2006) belegen ihre Annahmen mit dem Nachweis, dass eine bedeutende Subgruppe der Männer mit verzögerter Ejakulation (35 %) täglich masturbiert.

Apfelbaum betrachtet die verzögerte Ejakulation als Symptom einer sexuellen Luststörung, d. h., den Männern gefällt die angebotene Sexualität mit ihren Partnern nicht genügend, um zu ejakulieren, was den Partner jedoch ausgesprochen kränken und die Beziehung destabilisieren kann. So wird angenommen, dass die betroffenen Männer *autosexuell* sind, also den Sex mit sich selbst mehr genießen und die Stimulation des Partners als hemmend erleben (Althoff 2012).

Zu den biologischen Ursachen zählen anatomische, infektiöse und endokrine Faktoren (Althoff 2012). Zudem gibt es eine Vielzahl an Medikamenten, die einen Einfluss auf die Entwicklung einer verzögerten Ejakulations haben können (u. a. Antidepressiva, Antipsychotika und Opioide). Hervorzuheben sind dabei die Antidepressiva vom Typ Selektiver Serotonin-Wiederaufnahmehemmer (SSRI). In einer Untersuchung mit knapp 2000 männlichen Patienten gab es eine siebenfach erhöhte Wahrscheinlichkeit für das Auftreten einer verzögerten Ejakulationsbei Patienten, die ein SSRI nahmen (Corona et al. 2007). Weniger Nebenwirkungen werden jedoch bei dem Antidepressivum Bupoprion berichtet.

Studious Sophie erklärt:
Antidepressiva können Menschen mit vorzeitigem Samenerguss helfen, aber gleichzeitig bei manchen Männern zu verzögerter oder ausbleibender Ejakulation führen!

Die Anejakulation hat vornehmlich eine organische Ätiologie zu haben, wobei insbesondere Krankheiten, die das Nervensystem beeinträchtigen, bedeutsam sind. Die Anejakulation kann vor allem durch Verletzungen der Wirbelsäule, aber auch durch Diabetes oder Multiple Sklerose ausgelöst werden (Waldinger und Schweitzer 2005). Es gibt keinen Hinweis darauf, dass genetische Faktoren relevant für die Ätiologie sind. So gab es bei einer Zwillingsstudie aus Finnland keinen Beweis für einen genetischen Einfluss auf das Störungsbild (Jern et al. 2007).

Behandlung Psychotherapie ist eine zentrale Maßnahme in der Behandlung der verzögerten Ejakulation (Jenkins und Mulhall 2015). Therapeutische Strategien zielen dabei auf eine verbesserte Intimität, reduzierte Masturbationshäufigkeit, eine Veränderung des Masturbationsstils und einen reduzierten Alkoholkonsum ab (McMahon et al. 2013). Sofern körperliche Erkrankungen ursächlich sind, ist vor allem die Behandlung der Grunderkrankung oder eine Veränderung der Medikation erfolgversprechend.

Therapy Tara:
Eine Rücksprache mit dem verschreibenden Hausarzt oder Psychiater ist sinnvoll, wenn Antidepressiva genommen werden.

Es gibt aktuell kein zugelassenes Medikament für die Behandlung der verzögerten Ejakulation und diejenigen Medikamente, die untersucht wurden, haben oft starke Nebenwirkungen oder eine begrenzte Wirkung (Jenkins und Mulhall 2015).

Als eine weitere Behandlungsoption gibt es die penile Vibrationsstimulation. Dafür wird eine Art Vibrator verwendet, mit dem geübt werden kann, und zielt auf eine Sensibilisierung der Nerven des Mannes ab. Nelson et al. (2007) berichten, dass knapp zwei Drittel der sexuellen Kontakte ihrer Patienten mit dieser Methode zur Ejakulation führten.

2.2   Erektionsstörung (F52.21)

Definition nach DSM-5 (2015)

A: Mindestens eines der drei folgenden Symptome muss bei fast allen oder allen Gelegenheiten, bei denen die Person sexuell aktiv ist (etwa 75 % bis 100 %), erlebt werden (in bestimmten situativen Kontexten oder, wenn generalisiert, in allen Kontexten):

1. deutliche Schwierigkeiten, eine Erektion während der sexuellen Aktivität zu erreichen,

2. deutliche Schwierigkeiten, eine Erektion bis zum Ende der sexuellen Aktivität aufrechtzuerhalten,

3. deutliche Verringerung der Rigidität der Erektion.

Die erektile Dysfunktion ist aufgrund der hohen Inanspruchnahme professioneller Dienstleistungen und ihres Zusammenhangs mit anderen Krankheitsbildern die klinisch bedeutsamste sexuelle Funktionsstörung des Mannes (Beier et al. 2000). Es wird allein in Deutschland von circa 5 Millionen erektionsgestörten Männern mit mittelschwerer oder vollständiger erektiler Dysfunktion ausgegangen. Dabei liegt gleichzeitig durch das Interesse der pharmazeutischen Industrie an zuverlässigen Zahlen eine vergleichsweise gute Datenlage vor.

Die normale erektile Funktion ist ein kompliziertes System und umfasst mehrere Regulierungssysteme, einschließlich psychologischer, neurologischer, endokriner und vaskulärer Faktoren.Eine einzelne Störung dieser Systeme kann eine erektile Dysfunktion verursachen. Feldman et al. (1994) berichten, dass in ihrer Untersuchung zwischen 22 % und 49 % der untersuchten Männer je nach Altersgruppe milde Erektionsschwierigkeiten hatten. Diese sind also in einem bestimmten Rahmen in normal und nicht per se pathologisch; die Diagnose einer erektilen Dysfunktion sollte erst nach einer gründlichen ärztlichen Untersuchung gestellt werden.

Die Zunahme riskanter Lebensstile und Verhaltensweisen, wie z. B. eine fette Ernährung und Bewegungsmangel, können das Herz-Kreislaus-System negativ beeinflussen (Kouidrat et al. 2017). Zudem ist der demografische Wandel mit einer zunehmend älteren Gesellschaft ein aktuelles Thema. Daher nehmen Beier und Kollegen an (2000), dass die Prävalenz der erektilen Dysfunktionen voraussichtlich ebenfalls zunehmen werden.

Epidemiologie

Übersichtsarbeiten berichten, dass ungefähr 5–20 % aller Männer moderate bis schwere erektile Dysfunktionen haben (Kubin et al. 2003), von denen jedoch nur ein Drittel behandelt wird. Die Prävalenz der erektilen Dysfunktion in einer dänischen Untersuchung (Ventegodt 1998) lag relativ konstant bei knapp 2 % für alle Altersgruppen bis zu den Mitvierzigern. Mit zunehmendem Alter stieg sie an und lag bei Männern zwischen 58 und 88 Jahren bei fast 18 %. Insgesamt belegen die Daten einen starken Zusammenhang zwischen dem Alter und dieser Symptomatik, wie er auch schon im klassischen Kinsey-Report (1948) beschrieben wurde.

Ätiologie Es gibt mittlerweile einen großen Fundus an Forschungsergebnissen zur Entstehung und zu Risikofaktoren der erektilen Dysfunktion. Der Konsum von Substanzmitteln wie Tabak oder Alkohol erhöht die Wahrscheinlichkeit für das Auftreten erektiler Dysfunktionen (Allen und Walter 2019). In einem Review zur Bestimmung des Zusammenhangs mit Erkrankungen zeigte sich, dass Schlafapnoe, Depressionen, Gicht, HIV-Infektionen, Herz-Kreislauf-Erkrankungen und Diabetes mit einer erhöhten Wahrscheinlichkeit für erektile Dysfunktionen einhergehen (Kouidrat et al. 2017). Erektile Dysfunktionen können ein Risikomarker für kardiovaskuläre Grunderkrankungen und andere Gesundheitszustände sein, die eine Beurteilung und Behandlung rechtfertigen können (Burnett et al. 2018).

Ein primärer Risikofaktor für erektile Dysfunktionen ist ein geschwächtes Gefäßsystem. Durch einen schlechten Lebensstil wie z. B. geringe körperliche Aktivität ist das Gefäßsystem nicht genügend geübt für eine ausreichende Durchblutung. Da die Erektion des Penis größtenteils ein hämodynamischer Prozess ist, behindert ein geschwächtes Gefäßsystem den Erektionsprozess (Burnett et al. 2018). Daher wirkt sich ein ungesunder Lebensstil auf die Erektionsfähigkeit aus.

Neben körperlichen Ursachen sind auch psychologische Ursachen bedeutsam. Patienten mit psychogener Ätiologie der erektilen Dysfunktion haben tendenziell einen plötzlichen Symptombeginn, abnehmende Libido und eine gute Qualität der Erektion bei Selbststimulation. Eine organische Ätiologie liegt tendenziell nahe bei graduellem Störungsbeginn und niedriger bis normaler Libido (Nguyen et al. 2017).

Therapy Tara ermuntert:
Erkundige dich bei allen Männern ab 40 Jahren, die ein gesundheitsbezogenes Problem aufweisen, die also z. B. rauchen oder übergewichtig sind, nach Erektionsproblemen.
Nur Mut!

Behandlung Es gibt mittlerweile eine ganze Bandbreite an hilfreichen evaluierten Behandlungsmethoden. Zu diesen zählen medikamentöse, psychologische und apparative Verfahren, aber auch Lebensstilveränderungen. Zu Beginn sollte eine ausführliche diagnostische Untersuchung (DGN 2018) stehen, bei der in einer ausführlichen Anamnese die Symptome erfasst werden. Eine neurologische Untersuchung, psychologische Diagnostik, Gefäßdiagnostik, urologische Diagnostik und eventuell bildgebende Verfahren sind sinnvoll.

Zu den medikamentösen Behandlungsmöglichkeiten gehören die Phosphodiesterase-5-Hemmer (PDE-5-Hemmer). Zu diesen schnell wirksamen Medikamenten gehört auch Sildenafil, besser bekannt als Viagra (DGN 2018). Viagra darf als ein rectile untersuchtes Medikamente angesehen recti (Fink et al. 2002) und war der erste zugelassene PDE-5-Hemmer. Mittlerweile gibt es auch Tadalafil (Cialis), dessen Wirkfenster bis zu 36 h umfasst, weswegen diese Substanz zunehmend bevorzugt wird. Als Nebenwirkungen können Kopfschmerzen, eine Flush-Symptomatik (anfallsweise auftretende Hautrötung), eine verstopfte Nase und Dyspepsie (Oberbauchbeschwerden) auftreten (DGN 2018). Eine kardiologische Risikoabklärung sollte vor der Verordnung der PDE-5-Hemmer erfolgen. Eine kardiologische Abklärung ist nicht bei Patienten der Low-Risk-Gruppe notwendig (Hatzimouratidis et al. 2010). rectile weitere erprobte Behandlungsmethode ist der Einsatz von Testosteron zu nennen. Obwohl 60–80 % der Männer über rectile Verbesserungen nach Einnahme von Viagra berichten (Eardley et al. 2007), brechen 60 % der Patienten mit ursprünglicher Medikamenten-Compliance die Behandlung ab (Hartmann 2011).

Studious Sophie:
Die Einnahme eines PDE-5-Hemmers allein verursacht keine Erektion. Sexuelle Stimulation nach der Einnahme ist erforderlich.

Nichtpharmakologische Behandlungen wie Psychotherapie oder körperliche Aktivität sind nachweislich hilfreich. Bei Patienten mit psychogen verursachten

Erektionsstörungen ist die Sexualtherapie das am besten geeignete Therapie-verfahren (Beier et al. 2000) und kann eine dauerhafte Symptomverbesserung bewirken. Aus der Reihe der nichtmedikamentösen Behandlungsstrategien ist kör-perliche Aktivierung gemäß Silva et al. (2017) die effektivste für erektile Funktio-nen. Ein weiterer Vorteil besteht in der Langzeitwirkung der körperlichen Fitness sowie in der Reduktion weiterer Risikofaktoren. Nicht vergessen werden soll-ten die Vakuum-Erektionsgeräte, über die hohe Raten an Patientenzufriedenheit berichtet werden (Dutta und Eid 1999).

2.3   Weibliche Orgasmusstörung (F52.31)

Definition nach DSM-5 (2015)

A: Mindestens eines der folgenden Symptome muss bei fast allen oder allen Gelegenheiten (etwa 75 % bis 100 %), bei denen die Person mit einem Partner sexuell aktiv ist, erlebt werden (in bestimmten situativen Kontexten oder, wenn generalisiert, in allen Kontexten):

1. Deutliche Verzögerung, deutlich reduzierte Häufigkeit, oder Fehlen des Orgasmus.

2. Deutliche Verminderung der Intensität des Orgasmuserlebens.

Das Ausbleiben des Orgasmus kann eine reduzierte Freude an Sexualität bedingen und zu abnehmendem sexuellen Interesse führen. Dabei ist die Orgas-musschwelle bei Frauen abhängig von Partnerschaftsfaktoren, aber auch von psychischer und körperlicher Gesundheit sowie Wohlbefinden. Sie variiert in ver-schiedenen Lebensphasen und ist von effizienter sexueller Stimulation abhängig (Hartmann 2018).

In einer großen Erhebung an 52.588 Personen in den USA wurde die Häufig-keit von Orgasmen beim Geschlechtsverkehr ermittelt. Lesbische Frauen gaben an, bei 86 % der sexuellen Kontakte zum Orgasmus zu kommen, während dies bei bisexuellen und heterosexuellen Frauen nur bei 65 % bzw. 66 % der Fall war (Frederick et al. 2018). Es ist also zunächst nichts Ungewöhnliches, keinen Orgasmus zu erleben. Frauen, die seltener Orgasmen berichteten, gaben auch an, weniger Oralverkehr zu haben, weniger nach Vorlieben im Bett zu fragen, weniger Analverkehr zu haben und weniger Liebe zum Partner beim Sex auszudrücken.

Es werden verschiedene Erlebensformen des Orgasmus beschrieben, von denen ein Typus als „vaginal" beschrieben wird und der andere Typus als „klitoral", wobei Lehmann et al. (2004) davon berichten, dass Frauen den klitoralen Orgas-mus tendenziell als intensiver erleben. Insgesamt gibt es eine große Variation des

Orgasmuserlebens bei Frauen. Generell gilt, dass für die Mehrheit der Frauen, ähnlich wie bei Männern, das Erreichen des Orgasmus bei der Selbststimulation leichter möglich ist als im Partnerkontakt, der dafür eine andere Erlebnisqualität eröffnet.

Epidemiologie
Shifren und Kollegen (2008) untersuchten eine repräsentative Stichprobe an Frauen in den USA. Insgesamt gaben 21,8 % der Frauen an, Orgasmusschwierigkeiten zu haben Aber nur 5 % gaben an unter diesen Orgasmusschwierigkeiten zu leiden. In spezialisierten Ambulanzen berichten zwischen 10 % und 37 % der Patientinnen über Orgasmusprobleme (Hartmann 2018), ist also häufig Behandlungsanlass.

Ätiologie Zur Entstehung der Orgasmusstörung betonten Masters und Johnson (1970) die Rolle der mentalen Selbstbeobachtung der Frau beim Geschlechtsverkehr, da diese ablenkend wirke. Zudem stünden viele Frauen unter dem Druck, einen Orgasmus erreichen zu müssen, was die Problematik verstärken könne. Hartmann (2018) betont in diesem Zusammenhang die Angst vor Kontrollverlust als Teil eines maladaptiven emotionalen Schemas mit dem Ziel der Vermeidung starker Emotionen.

Orgasmusstörungen lassen sich nicht eins zu eins auf Probleme in der Partnerschaft zurückführen. Auch wenn die Partnerschaft für die Qualität der Sexualität eine Rolle spielt, haben dennoch Frauen manchmal auch in als negativ empfundenen Beziehungen Orgasmen und in Beziehungen, die positiv erlebt werden, keine (Graham 2010).

Dunn et al. (2005) untersuchten den genetischen Einfluss auf die Entstehung der Orgasmusfähigkeit und Orgasmushäufigkeit anhand von 1397 Zwillingspaaren. Genetische Faktoren erklären 45 % der Varianz der Orgasmusfähigkeit durch Masturbation und 34 % der Orgasmusfähigkeit beim Geschlechtsverkehr, stellen also einen nicht unerheblichen Faktor dar. In den Fällen, in denen eine körperlich verursachte Orgasmusstörung anzunehmen ist, ist zum einen an Medikamentennebenwirkungen zu denken und zum anderen an den Einfluss von Krankheiten.SSRI führen bei 30–60 % der Patientinnen zu einem verzögerten oder ausbleibenden Orgasmus (Montgomery et al. 2002).

Studious Sophie:
Antidepressiva verursachen oft Orgasmusstörungen bei Frauen!
Und bei Männern manchmal auch

Behandlung Als störungsorientiertes Vorgehen bei der weiblichen Orgasmusstörung ist die angeleitete Selbststimulation nach Heiman und LoPiccolo (1988) sinnvoll. Bei dieser geht es bei einer Reihe an Körperselbsterfahrungen darum, die individuell angenehmsten Stimulationsmöglichkeiten herauszufinden. Mit dieser Methode werden Erfolgszahlen von 80–90 % aller Frauen berichtet, die bei einer vorher generalisierten Orgasmusstörung orgasmusfähig wurden (LoPiccolo und Stock 1986). Hilfreich sind auch psychoedukative Therapieelemente, bei der Frauen über die Anatomie und körperlichen Reaktionen von äußeren und inneren Genitalien geschult werden (Korda 2008). Bei situativer Anorgasmie, wenn die Patientin bei der Masturbation zum Orgasmus gelangt, jedoch nicht beim Geschlechtsverkehr, ist eine Paartherapie empfehlenswert. Für die weibliche Orgasmusstörung gibt es keine etablierte medikamentöse Behandlungsoption (Hartmann 2018).

Therapy Tara warnt:

Vorsicht vor einem vorschnellen Interventionismus!

2.4 Störung des sexuellen Interesses bzw. der Erregung bei der Frau (F52.22)

Definition nach DSM-5 (2015)

A. Fehlen oder deutliche Verminderung des sexuellen Interesses bzw. der sexuellen Erregung, welche sich in mindestens drei der nachfolgenden Indikatoren äußern:

1. fehlendes oder vermindertes Interesse an sexuellen Aktivitäten,

2. fehlende oder verminderte sexuelle bzw. erotische Gedanken oder Fantasien,

3. keine oder verminderte Initiative zu sexuellen Aktivitäten und typischerweise Unempfänglichkeit gegenüber Versuchen des Partners, sexuelle Aktivitäten einzuleiten,

4. fehlende oder verminderte sexuelle Erregung bzw. Lust während sexueller Aktivitäten in fast allen oder allen (etwa 75 % bis 100 %) sexuellen Begegnungen (in bestimmten situativen Kontexten oder, wenn generalisiert, in allen Kontexten),

5. fehlendes oder vermindertes reaktives Interesse bzw. fehlende oder verminderte reaktive Erregung bei jeglichen internen oder externen sexuellen oder erotischen Reizen (z. B. schriftlich, verbal und visuell),

6. fehlende oder verminderte genitale oder nichtgenitale Empfindungen während sexueller Aktivitäten bei allen oder fast allen (etwa 75 % bis 100 %) sexuellen Begegnungen (in bestimmten situativen Kontexten oder, wenn generalisiert, in allen Kontexten).

Bei einer internationalen Befragung von 13.882 Frauen in 29 Ländern war mangelndes sexuelles Interesse das häufigste sexuelle Problem von Frauen (Laumann et al. 2005). In westlichen Gesellschaften hatten Frauen die höchste Zufriedenheit mit ihrer Sexualität und betrachten Sexualität als moderat wichtig, während in Ländern des Nahen Ostens geringere sexuelle Zufriedenheit bei gleichzeitig sehr hoher Wichtigkeit von Sex bei Frauen berichtet wird (Laumann et al. 2006).

Es wurde nicht nur untersucht, warum Frauen keine Lust auf Sex haben, sondern auch aus welchen Gründen sie Sex haben. Nach ihren Motiven für Sexualität befragt, geben Frauen am häufigsten an, dass sie sich von einer Person angezogen fühlten, dass sie körperliches Vergnügen erleben wollten, dass es sich gut anfühle und dass sie ihre Gefühle für eine Person zeigen wollten (Meston und Buss 2007). Kleinplatz (2001) entpathologisiert sexuelle Lustlosigkeit. Sie ist der Auffassung, dass sie kein Defizit sei, das es zu beheben gelte, sondern vielmehr eine Kompetenz, aufmerksam auszuwählen.

Bei geringem sexuellem Interesse kann es auch vorkommen, dass Frauen über mangelnde Lubrikation der Vagina klagen. Dennoch zeigte sich in systematischen Untersuchungen nur eine relativ geringe Übereinstimmung zwischen subjektiven Gefühlen der sexuellen Erregung und der genitalen Reaktion bei Frauen (Chivers et al. 2010). Es ist anzunehmen, dass die Lubrikation primär dem Schutz der

Geschlechtsorgane dient. Demzufolge zeigt sich auch in der ambulanten Praxis, dass wenige Frauen mangelnde Lubrikation als ihr primäres sexuelles Problem identifizieren (Marhenke und Imhoff 2020; Rump und Maß 2015).

Studious Sophie erklärt:
Lubrikation ist kein Hinweis auf sexuelle Lust.
Sondern ein körperlicher Hinweis auf die Wahrscheinlichkeit von Sex.

Epidemiologie
Bei Untersuchungen nach der Prävalenz sexueller Lustlosigkeit in den USA werden Werte von 27–32 % aller Frauen berichtet (Laumann et al. 1999), wobei der Leidensdruck bei dieser Zahl nicht erfasst wurde. Diese hohen Werte könnten Behandler dazu bewegen, möglicherweise vorübergehende und adaptive Reaktionen auf bestimmte Lebenskontexte zu pathologisieren. Wenn der Leidensdruck einbezogen wird, erfüllen 8,9 % der Frauen zwischen 18 und 44 Jahren, 12,3 % der Frauen zwischen 45 und 64 Jahren und 7,4 % der Frauen über 65 Jahren die Kriterien einer hyposexuellen Störung (Parish und Hahn 2016).

Ätiologie Bei der Entstehung von weiblicher sexueller Luststörung sind biologische, psychologische, interpersonelle und kulturelle Dimensionen bedeutsam. Bei der Diagnostik ist es daher sinnvoll, alle Dimensionen zu erheben (Shifren et al. 2008). Besonders starken Einfluss auf das weibliche sexuelle Verlangen haben psychologische Variablen und die Beziehungsqualität. Mit sexueller Lustlosigkeit hängen ein schlechtes Körperbild, aktuelles Stresserleben, aber auch psychiatrische Diagnosen wie Depressionen, Posttraumatische Belastungsstörungen oder Angsterkrankungen zusammen (Althoff et al. 2005). Andere sexuelle Probleme wie Schmerzen beim Geschlechtsverkehr oder die Anorgasmie können zu niedrigem sexuellem Verlangen ebenso beitragen wie eine unbefriedigende sexuelle Beziehung (Basson et al. 2005).

Von Frauen mit geringem sexuellen Interesse berichten 71,2 %, dass Sie zufrieden mit ihrer Partnerschaft sind, was nahelegt, dass eine Fokussierung auf die Häufigkeit von sexuellem Lustempfinden weniger relevant ist als die Intensität des sexuellen Verlangens (Rosen et al. 2009). Mangelnde Zeit oder Energie können dazu beitragen, dass sexuelles Verlangen seltener wird, ohne dass die Qualität beeinträchtigt wird.

Verschiedene körperlichen Ursachen wurden untersucht, um deren Einfluss auf verringertes sexuelles Verlangen zu bestimmen. Ein Rückgang von Östrogen war zwar korreliert mit vaginaler Trockenheit, jedoch nicht mit einem Verlust an sexuellem Verlangen (Dennerstein et al. 1999). Gleichfalls gab es keinen signifikanten Unterschied im sexuellen Verlangen bei Frauen mit hohem oder niedrigen Testosteronlevel (Basson et al. 2015).

Behandlung Es wurden kognitiv-behaviorale, achtsamkeitsbasierte und medikamentöse Interventionen zur Behandlung der sexuellen Lustlosigkeitsstörung untersucht. Bei dem kognitiv-behavioralen Ansatz können Kommunikationstrainings zur Verbesserung der Kommunikation zwischen Partnern, eine Angstreduktionsstrategie und kognitive Methoden zum Einsatz kommen. In einer Metaanalyse gab es moderate bis große Effekte dieser Interventionsformen (Frühauf et al. 2013).

Achtsamkeitsbasierte Ansätze zielen bei Frauen mit geringem sexuellen Verlangen auf vertieftes Wahrnehmen von körperlichem Empfinden vor sexuellen Aktivitäten und währenddessen sowie auf eine Vielzahl negativer Bewertungen über sich selbst während sexueller Aktivitäten ab. Paterson et al. (2017) berichten vielversprechende Resultate mit einer Verbesserung von sexuellem Verlangen, sexueller Zufriedenheit und einer Reduzierung sexualitätsbezogenen Stresses.

Hinsichtlich medikamentöser Ansätze ist insbesondere Flibanserin (Addyi) zu erwähnen, das ursprünglich zur Behandlung von Depressionen entwickelt wurde und auch als „Pink Viagra" bekannt wurde. Dieses in den USA, jedoch nicht in Europa zugelassene Medikament zur Behandlung von Hyposexualität, zeigte sich in einer Metaanalyse an 8345 Frauen verglichen mit einer Placebo-Kontrollgruppe nicht überlegen (Hassan Saadat et al. 2017).

2.5   Genito-Pelvine Schmerz-Penetrationsstörung (F52.6)

Definition nach DSM-5 (2015)

A. Anhaltende oder wiederkehrende Schwierigkeiten in Bezug auf einen (oder mehrere) der folgenden Aspekte:

1. vaginale Penetration während des Geschlechtsverkehrs,

2. deutliche vulvovaginale oder Beckenschmerzen während des Vaginalverkehrs oder bei Versuchen der Penetration,

3. deutliche Furcht oder Angst vor vulvovaginalen oder Beckenschmerzen in Erwartung der Penetration, währenddessen oder als Folge derselben,

4. deutliche Verkrampfung oder Anspannung der Beckenbodenmuskulatur während versuchter vaginaler Penetration.

Studious Sophie:
`Genito-Pelvine Schmerzen` werden häufig auch mit den Begriffen `Vulvodynie`, `Vaginismus` und `Dyspareunie` beschrieben.

Unter dem Begriff ‚Genito-Pelvine Schmerz-Penetrationsstörung' werden seit dem Erscheinen des DSM-5 im Jahr 2013 Beschwerden zusammengefasst, die in der Fachliteratur vorher mit ‚Vulvodynie', ‚Vaginismus' und ‚Dyspareunie' (Flanagan et al. 2015) beschrieben wurden. Diese Begriffe sind klinisch gebräuchlich (Hartmann 2018).

- Mit Vulvodynie werden chronische Schmerzen in der Vulva bezeichnet, die meist als brennend beschrieben werden, ohne dass objektive Befunde einer somatischen Erkrankung vorliegen.
- Mit dem Begriff ‚Vaginismus' wird die Verengung des Scheideneingangs durch wiederkehrende oder anhaltende unwillkürliche Verkrampfungen der Muskulatur der Vagina bezeichnet, die eine Penetration unmöglich machen.
- Mit Dyspareunie werden unterschiedliche wiederkehrende oder anhaltende schmerzhafte Missempfindungen voroder nach dem Koitus oder währenddessen beschreiben, die nicht durch organische Ursachen ausgelöst werden. Im Gegensatz zum Vaginismus liegen keine muskulären Verkrampfungen vor (Hartmann 2018).

Vaginale Schmerzen beeinflussen verschiedene Aspekte des sexuellen Verlangens und der Ausgestaltung der Sexualität (Hallam-Jones et al. 2001).Aber nicht nur das Sexleben ist beeinträchtigt. Arnold et al. (2006) berichten auch von großen Belastungen und Einschränkungen der Lebensqualität bei Frauen, denen es aufgrund einer genito-pelvinen Schmerzstörung kaum möglich ist, Geschlechtsverkehr zu haben, obwohl sie es sich wünschen.

Wenngleich es eine Reihe an etablierten psychologischen und medikamentösen Behandlungsmöglichkeiten gibt, werden viele Angebote nicht wahrgenommen. Eine große Barriere für die Aufnahme einer Therapie können Schuld- und Schamgefühle hinsichtlich sexueller Beschwerdensein (Nguyen et al. 2013). Häufig geht auch ein beeinträchtigtes Körper- und Selbstbild bei Frauen mit den Schmerzen einher (Pazmany et al. 2013).

Die Genito-Pelvine Schmerz- und Penetrationsstörung ist assoziiert mit hohen Komorbiditäten aus dem Bereich weiterer sexueller Funktionsstörungen, darunter reduziertes sexuelles Verlangen (Farmer und Meston 2007). So berichten Chiechi und Kollegen (1997), dass mehr als 40,7 % aller Frauen mit geringem sexuellem Interesse auch eine Dyspareunie haben, während nur 11,7 % der Frauen mit regulärem sexuellem Interesse die Kriterien für eine Dyspareunie erfüllen.

Epidemiologie
Die Prävalenzraten der Genito-Pelvinen Schmerz-Penetrationsstörung variieren zwischen 0,4 % und 6,6 % für Vaginismus sowie 3,0 % und 21,0 % für Dyspareunie (Latte et al. 2006; Christensen et al. 2011).

Die Häufigkeit von Schmerzen während des Geschlechtsverkehrs ist mit 21 % am häufigsten in der Altersgruppe der 18–29-Jährigen, seltener mit 14 % bei Frauen zwischen 30 und 49 Jahren und sinkt auf 8 % bei Frauen über 50 Jahren (Laumann et al. 1999). Es zeigt sich also eine allmähliche Reduktion der Symptomatik im Laufe des Lebens.

Ätiologie Es gibt zahlreiche somatische und psychologische Faktoren, die bei sexuellen Schmerzstörungen von Bedeutung sind.Am besten wird daher die Genito-Pelvine Schmerz-Penetrationsstörung in einem biopsychosozialen Modell beschrieben.

Zu den somatischen Faktoren, die mit einer chronischen Dyspareunie assoziiert sein können, gehören Östrogenmangel, Endometriose, dermatologische Krankheiten und viele weitere (Basson et al. 2004), weshalb eine gynäkologische Abklärung sinnvoll ist. Allerdings sollte bedacht werden, dass die Mehrzahl der

Frauen, die einen dieser Faktoren aufweisen, keine chronische sexuelle Schmerz-störung entwickelt (Hartmann 2018). Es gibt einen Zusammenhang zwischen der Geburt eines Kindes und Schmerzen beim Geschlechtsverkehr nach der Geburt. In einer Untersuchung von McDonald et al. (2015) berichten 24 % der Frauen in einem Zeitraum von 18 Monaten nach der Geburt von Schmerzen beim Geschlechtsverkehr. Diese treten häufiger auf bei Frauen, bei denen ein Notkai-serschnitt, ein geplanter Kaiserschnitt und eine Geburtsunterstützung mit einer Vakuumextraktionsmethode durchgeführt wurde, und zwar unabhängig vom Alter der Frau und anderen potentiell konfundierenden Variablen.

Therapy Tara erklärt:
Dauerhafte und generelle Stressbelastung ist entscheidend für die Entwicklung der Schmerzsymptomatik.

Therapeutin

Schumann (2016) beschreibt, dass Stressfaktoren in der Kindheit, wie psychische Erkrankungen der Eltern oder auch Gewalterfahrungen, zu Bindungsstörungen führen, die wiederum zu einem Risikofaktor für Schmerzsyndrome wie genito-pelvine Schmerzen werden. Traumatische sexuelle Erfahrungen werden von der Mehrheit der Patientinnen jedoch nicht berichtet. Betroffene Frauen geben an, dass die Schmerzen bereits beim ersten Versuch auftraten, etwas in die Vagina einzuführen, wie beispielsweise einen Tampon (Basson 2012). Basson (2012) beschreibt ebenfalls, dass Patientinnen mit genito-pelvinen Schmerzen auch als Erwachsene eine hohe Stressbelastung aufweisen, und zwar typischerweise bereits vor dem Auftreten der Schmerzsymptomatik. Diese Stressbelastung kann zu einer Sensitivierung zentraler Nervenbahnen führen. Dazu passt, dass Arnold et al. (2006) berichten, dass Patientinnen mit genito-pelvinen Schmerzen sich zum einen als generell schmerzempfindlich beschreiben und zum anderen häu-fig Komorbiditäten mit anderen Schmerzsymptomen wie Fibromyalgie aufweisen. Diese Schmerzempfindlichkeit kann wiederum zu Stress führen und Frauen dazu bringen, sexuelle Aktivität zu vermeiden. Die Chronifizierung der Symptoma-tik erklären Vlaeyen und Linton (2000) anhand des Angstvermeidungsmodells. Bei diesem sorgen ängstliche Reaktionen sowie eine gesteigerte Beobachtung von körperlichen Empfindungen für eine Vermeidung von sexuellen Aktivitäten.

Behandlung Aus dem Angstvermeidungsmodell (Vlaeyen und Linton 2000) lässt sich eine Reihe verhaltenstherapeutischer Interventionen ableiten: Schmerzmanagement, Umgang mit dysfunktionalen Kognitionen, graduierte vaginale Exposition, Psychoedukation, Paarübungen wie Sensate Focus und Förderung der Entspannungsfähigkeit. Entzündungshemmende oder anästhetische Cremes können zur Unterstützung eingesetzt werden, wobei Ärzte auf die genaue Anwendung der Cremes hinweisen sollten. Die genannten Interventionen führen zu einer bedeutsamen Reduktion vaginaler Schmerzen und einer signifikanten Zunahme des sexuellen Funktionsniveaus sowie der vaginalen Penetrationsfähigkeit. Die Behandlung der Vulvodynie und der Dyspareunie beinhaltet vornehmlich somatische Methoden, während Vaginismus eher mit sexualtherapeutischen Methoden wie Entspannungsübungen und systematischer Desensibilisierung behandelt wird (Flanagan et al. 2015; Zarski et al. 2018).

2.6 Störung mit verminderter sexueller Appetenz beim Mann (F52.0)

Definition nach DSM-5 (2015)

A: Anhaltender oder wiederkehrender Mangel an (oder Fehlen von) sexuellen bzw. erotischen Gedanken oder Fantasien und des Verlangens nach sexueller Aktivität. Der Untersucher beurteilt den Mangel oder das Fehlen unter Berücksichtigung von Faktoren, die die sexuelle Funktionsfähigkeit beeinflussen, wie Lebensalter sowie allgemeine und soziokulturelle Lebensumstände der Person.

Um reduziertes sexuelles Verlangen, auch Hyposexualität genannt, zu verstehen, ist es hilfreich zu wissen, wie sich sexuelles Verlangen bei Männern überhaupt manifestiert. Nach Levine (2010) zeigt sich sexuellen Verlangen anhand von

a) Masturbation,
b) Versuchen, sexuelles Verhalten bei einem Partner zu initiieren oder sexuelles Annäherungsverhalten eines Partners zu unterstützen,
c) erotischen Fantasien,
d) sexueller Attraktion und
e) spontanen genitalen Erregungen sowie begleitenden erotischen Gedanken.

Hyposexualität bei Männern ist ein bislang wenig erforschter Bereich der sexuellen Funktionsstörungen, insbesondere wenn dieser mit Hyposexualität bei Frauen verglichen wird (Brotto 2010). Erste Arbeiten zu reduziertem sexuellen Verlangen bei Männern wurden häufig im Zusammenhang mit körperlichen Erkrankungen wie Hypogonadismus durchgeführt, bei dem es zu einem niedrigem Androgen-Level kommt, das mit der Gabe von Testosteron behandelt werden kann (Wang et al. 2008).

Zudem wurde Hyposexualität bei Männern zunächst als Symptom anderer Krankheiten klassifiziert, was sich auch durch die hohen Komorbiditäten anbot. So berichten Fugl-Meyer und Fugl-Meyer (2002) über hohe Komorbiditäten bei anderen sexuellen Funktionsstörungen, und zwar dass 45 % der Männer mit geringem sexuellen Interesse auch erektile Dysfunktionen hatten. Weitere 26 % gaben vorzeitigen Samenerguss an, 24 % hatten eine Partnerin mit Orgasmusschwierigkeiten und 39 % hatten eine Partnerin mit unzureichender Lubrikation.Gleichfalls kann ein geringes sexuelles Verlangen Symptom einer depressiven Erkrankung sein bzw. Depressivität kann ein Risikofaktor für Hyposexualität sein (Laumann 2005). Appetenzstörungen bei Männern sind jedoch ein zunehmend bedeutendes Phänomen in der klinischen Praxis von Sexualberatungsstellen (Hartmann 2018) und spezialisierten Sexualambulanzen (Buddeberg et al. 1994).

Epidemiologie
Die Prävalenz von niedrigem sexuellen Verlangen bei Männern zwischen 18 und 29 Jahren liegt bei 14 % und erhöht sich leicht auf 17 % bei Männern zwischen 50 und 59 Jahren (Laumann et al. 1999), wobei verheiratete Männer häufiger über sexuelle Lustlosigkeit berichten. Risikofaktoren für reduziertes sexuelles Verlangen sind emotionale Belastungen, ein allgemein schlechter Gesundheitszustand und häufiger Alkoholkonsum.

In einer Onlinestudie zur Messung der Prävalenz sexueller Lustlosigkeit (Mercer et al. 2003) war die Häufigkeit sexueller Lustlosigkeit mit 17,1 % vergleichbar mit den Daten, die Laumann und Kollegen (1999) erhoben hatten. Einen durchgängigen Verlust von sexuellem Interesse über mindestens sechs Monate zur Erfüllung der Diagnosekriterien berichteten jedoch nur insgesamt 1,8 %.

Ätiologie Verminderte sexuelle Appetenz kann durch psychologische und somatische Faktoren verursacht werden. Zu den relevanten psychologischen Ursachen zählen sexueller Leistungsdruck und sexualitätsbezogene Ängste, aber auch sexuelle Selbstentfremdung. Des Weiteren können Beziehungskonflikte mit dem Sexualpartner ätiologisch bedeutsam sein (Levine 2010). Verminderte sexuelle Appetenz kann auch durch eine Reihe somatischer Faktoren verursacht werden. So gilt ein Mindestmaß an Testosteron als notwendige Bedingung für sexuelles Verlangen bei Männern (Rubio-Aurioles und Bivalacqua 2013). Weitere hormonelle Faktoren, die sexuelle Lust beeinflussen, sind Östrogen, Prolaktin, Cortisol und Pheromone (Meston und Frohlich 2000). Diese treten beispielsweise bei Hypogonadismus, Hyperprolaktämie und Hypothyreose auf. Vermindertes sexuelles Verlangen kann auch durch Erkrankungen wie Niereninsuffizienz und Lebererkrankungen, aber ebenso durch Medikamentennebenwirkungen von Antidepressiva, Neuroleptika oder Antihypertensiva verursacht werden (Hartmann 2018).

Behandlung Die Behandlung von sexueller Lustlosigkeit sollte sich nach der wahrscheinlichen Ursache der Störung (Rubio-Aurioles und Bivalacqua 2013) sowie nach den Wünschen des Patienten richten.

Testosteron wurde erfolgreich eingesetzt zur Behandlung von niedrigem sexuellen Verlangen bei Männern und erhöht sowohl die Häufigkeit sexueller Gedanken als auch das sexuelle Verlangen. Isidori et al. (2005) bestätigten die Effizienz von Testosteron metaanalytisch. Beim Vorliegen einer affektiven Erkrankung wie einer Depression sollte eine pharmakologische Behandlung mit Antidepressiva oder mit einer Psychotherapie erfolgen, da es nach einer Reduktion der depressiven Symptomatik auch häufig wieder zu einer Normalisierung von sexuellem Verlangen kommen kann. Bei Beziehungsproblemen ist eine Paar- oder Sexualtherapie empfehlenswert.

2.7   Vorzeitige (frühe) Ejakulation (F52.4)

Definition nach DSM-5 (2015)

A: Ein anhaltendes oder wiederkehrendes Muster des Auftretens einer Ejakulation, das bei mit einer Partnerin ausgeübten sexuellen Aktivität innerhalb etwa einer Minute nach der vaginalen Penetration auftritt und bevor die Person es wünscht.

Waldinger und Kollegen (2005) haben bei einer großen Stichprobe von Männern die IELT gemessen. Bei Männern mit Vorzeitiger Ejakulation betrug der überwiegende Teil der IELT unter einer Minute, verglichen mit knapp fünf Minuten bei einer Vergleichsgruppe an Männern. Für die ambulante Praxis ist die IELT jedoch keine praktikable Messung (Mathers et al. 2013). Bei einer großen Beobachtungsstudie konnte gezeigt werden, dass die geschätzte und die mittels Stoppuhr gemessene IELT hoch miteinander korrelierten (Rosen et al. 2007), was den Schluss zulässt, dass in der ambulanten Praxis in der Regel Verlass ist auf die subjektiven Angaben der Männer.

Studious Sophie:
Viele Männer leiden unter vorzeitiger Ejakulation, auch wenn sie nicht die strengen Kriterien der Störung erfüllen.

Es werden verschiedene Typen der vorzeitigen Ejakulation unterschieden. Es gibt zum einen die lebenslange (primäre) vorzeitige Ejakulation, die mit den ersten sexuellen Aktivitäten auftritt und sowohl beim Geschlechtsverkehr als auch beim Masturbieren auftritt. Zum anderen gibt es die erworbene (sekundäre) vorzeitige Ejakulation, die erst nach einer Phase „normalen" Ejakulierens auftritt (Porst 2009). Als schwerste Form der lebenslangen vorzeitigen Ejakulation gilt die Ejaculatio ante portas, bei der Männer bereits vor der Penetration ejakulieren, wodurch ein Geschlechtsverkehr unmöglich wird.

Als häufigste komorbide Störung aus dem Spektrum der sexuellen Störungen gilt die erektile Dysfunktion (Mathers et al. 2013). Metaanalytisch konnte nachgewiesen werden, dass Beschneidung keinen Einfluss auf den vorzeitigen Samenerguss hat (Yang et al. 2018).

Epidemiologie
Vorzeitiger Samenerguss ist eine der häufigsten sexuellen Funktionsstörungen bei Männern (Patrick et al. 2005), bei Männern unter 60 Jahren sogar die häufigste Sexualstörung (Lindau et al. 2007). Die Prävalenzraten liegen etwa zwischen 3 % und 30 %. Diese großen Schwankungen sind den verschiedenen Definitionskriterien in den einzelnen Untersuchungen geschuldet (Serefoglu et al. 2014). Legt man eine ausschließlich mit einer Stoppuhr gemessene IELT (< 1 Min), so kommt man auf eine Prävalenz von 1–3 % (Jannini und Lenzi 2005).

Ätiologie Quantitative genetische Studien lassen vermuten, dass genetische Faktoren eine geringe oder mäßige Varianz (etwa 30 %) bei der vorzeitigen Ejakulation erklären (Jern et al. 2009). Insbesondere bei der erworbenen vorzeitigen Ejakulation spielen sowohl physiologische als auch psychologische Prozesse eine Rolle. Am häufigsten kommt es zur Manifestation einer erworbenen vorzeitigen Ejakulation in Folge einer erektilen Dysfunktion, wenn die Patienten bemerken, dass sie die Erektion nur noch verkürzt aufrechterhalten können (Porst 2009). Darüber hinaus ist eine körperliche Untersuchung hilfreich (Mathers et al. 2013), da z. B. eine bakterielle Prostatitis sowie Schilddrüsenerkrankungen eine vorzeitige Ejakulation mitbedingen können (Porst 2009). Für die lebenslange vorzeitige Ejakulation wird eine genetische Ätiologie angenommen (Porst 2009). Männer mit vorzeitiger Ejakulation haben häufig mehr sexuelle Leistungsangst (Hartmann et al. 2005) und schämen sich häufig aufgrund der Symptomatik (Rowland et al. 2003).

Therapy Tara:
Psychotherapeutisch zentral bei Patienten mit vorzeitiger Ejakulation sind vermehrtes Schulderleben und Beschämung während und aufgrund des Sexualverkehrs!

Behandlung Bekannte sexualtherapeutische Methoden zur Behandlung von vorzeitiger Ejakulation sind zum einen die von Semans entwickelte Stopp-Start-Technik und die von Masters und Johnson publizierte Squeeze-Technik (Porst 2009), die hohe Erfolgsraten in Studien nachweisen konnten. Bei der Stopp-Start-Technik wird der Penis stimuliert, bis er kurz vor der Ejakulation ist. Dann wird pausiert bis die Erregung wieder abgeflacht ist. Danach wird die Stimulation wieder aufgenommen. Bei der Squeeze-Technik erlernt der Mann seine Erregung bewusster wahrzunehmen und kurz vor der Ejakulation auf den Penis zu drücken, um so den Ejakulationsreflex zu unterdrücken (Mathers et al. 2013).

Zur medikamentösen Behandlung der vorzeitigen Ejakulation wurden trizyklische Antidepressiva, verschiedene SSRI und Opioidrezeptoragonisten untersucht, die zu einer Verlängerung der IELT führten (Porst 2009). Hervorzuheben ist Dapoxetin, ein kurz wirksamer SSRI, da es im Gegensatz zu anderen Medikamenten, die täglich eingenommen werden müssen, wenige Stunden vor dem Geschlechtsverkehr bei Bedarf genommen werden kann (Briken und Berner 2013). Ein weiteres Mittel ist das Lokalanästhetikum Lidocain, das vor dem Geschlechtsverkehr auf den Penis gesprüht wird.

Medikamente der SSRI-Klasse verursachen bei vielen Personen schädliche Nebenwirkungen und es gibt relativ große Unterschiede im Ansprechen auf die Behandlung (Jern 2014). Hinzu kommt das Problem der Abbruchraten bei Medikamenten der SSRI-Klasse in der ambulanten Praxis. Salonia et al. (2009) berichten, dass etwa 30 % der Patienten, denen Paroxetin verschrieben wurde, sich dafür entschieden, das Medikament relativ kurz nach der Behandlung abzusetzen. Weitere 20 %lehnten es ab, überhaupt eine medikamentöse Behandlung zu beginnen, wenn sie angeboten wurde.

Literatur

Masters, W. H., & Johnson, V. E. (1966). Human sexual response.

American Psychiatric Association. (2015). *Diagnostische Kriterien DSM-5®: Deutsche Ausgabe herausgegeben von Peter Falkai und Hans-Ulrich Wittchen; mitherausgegeben von Manfred Döpfner, Wolfgang Gaebel, Wolfgang Maier, Winfried Rief, Henning Saß und Michael Zaudig*. Hogrefe Verlag.

Althof, S. E. (2012). Psychological interventions for delayed ejaculation/orgasm. *International journal of impotence research, 24*(4), 131–136.

Blanker, M. H., Bosch, J. R., Groeneveld, F. P., Bohnen, A. M., Prins, A. D., Thomas, S., & Hop, W. C. (2001). Erectile and ejaculatory dysfunction in a community-based sample of men 50 to 78 years old: prevalence, concern, and relation to sexual activity. *Urology, 57*(4), 763–768.

Burnett, A. L., Nehra, A., Breau, R. H., Culkin, D. J., Faraday, M. M., Hakim, L. S., ... & Nelson, C. J. (2018). Erectile dysfunction: AUA guideline. *The Journal of urology, 200*(3), 633–641.

Corona, G., Mannucci, E., Fisher, A. D., Lotti, F., Ricca, V., Balercia, G., ... & Maggi, M. (2007). Effect of hyperprolactinemia in male patients consulting for sexual dysfunction. *The Journal of Sexual Medicine, 4*(5), 1485–1493.

Di Sante, S., Mollaioli, D., Gravina, G. L., Ciocca, G., Limoncin, E., Carosa, E., ... & Jannini, E. A. (2016). Epidemiology of delayed ejaculation. *Translational Andrology and Urology, 5*(4), 541.

Jenkins, L. C., & Mulhall, J. P. (2015). Delayed orgasm and anorgasmia. *Fertility and sterility, 104*(5), 1082–1088.

Jern, P., Santtila, P., Witting, K., Alanko, K., Harlaar, N., Johansson, A., ... & Sandnabba, K. (2007). Premature and delayed ejaculation: genetic and environmental effects in a population-based sample of Finnish twins. *The journal of sexual medicine, 4*(6), 1739–1749.

Kinsey, A. C., Pomeroy, W. R., & Martin, C. E. (2003). Sexual behavior in the human male. *American Journal of Public Health, 93*(6), 894–898.

Masters W, Johnson V. *Human Sexual Inadequacy*. Little, Brown: Boston, 1970.

McMahon, C. G., Jannini, E., Waldinger, M., & Rowland, D. (2013). Standard operating procedures in the disorders of orgasm and ejaculation. *The journal of sexual medicine, 10*(1), 204–229.

Nelson, C. J., Ahmed, A., Valenzuela, R., Parker, M., & Mulhall, J. P. (2007). Assessment of penile vibratory stimulation as a management strategy in men with secondary retarded orgasm. *Urology*, *69*(3), 552–555.

Perelman, M. A., & Rowland, D. L. (2006). Retarded ejaculation. *World journal of urology*, *24*(6), 645–652.

Rowland, D. L., Keeney, C., & Slob, A. K. (2004). Sexual response in men with inhibited or retarded ejaculation. *International journal of impotence research*, *16*(3), 270–274.

Waldinger, M. D., Quinn, P., Dilleen, M., Mundayat, R., Schweitzer, D. H., & Boolell, M. (2005a). Ejaculation disorders: A multinational population survey of intravaginal ejaculation latency time. *The journal of sexual medicine*, *2*(4), 492–497.

Waldinger, M. D., & Schweitzer, D. H. (2005). Retarded ejaculation in men: An overview of psychological and neurobiological insights. *World journal of urology*, *23*(2), 76–81.

Allen, M. S., & Walter, E. E. (2019). Erectile dysfunction: an umbrella review of meta-analyses of risk-factors, treatment, and prevalence outcomes. *The Journal of Sexual Medicine*, *16*(4), 531–541.

Beier, K. M., Hartmann, U., & Bosinski, H. A. G. (2000). Bedarfsanalyse zur sexualmedizinischen Versorgung. *Sexuologie*, *7*(2/3), 63–95.

Dutta, T. C., & Eid, J. F. (1999). Vacuum constriction devices for erectile dysfunction: a long-term, prospective study of patients with mild, moderate, and severe dysfunction. *Urology*, *54*(5), 891–893.

Eardley, I., Fisher, W., Rosen, R. C., Niederberger, C., Nadel, A., & Sand, M. (2007). The multinational Men's Attitudes to Life Events and Sexuality study: The influence of diabetes on self-reported erectile function, attitudes and treatment-seeking patterns in men with erectile dysfunction. *International journal of clinical practice*, *61*(9), 1446–1453.

Feldman, H. A., Goldstein, I., Hatzichristou, D. G., Krane, R. J., & McKinlay, J. B. (1994). Impotence and its medical and psychosocial correlates: results of the Massachusetts Male Aging Study. *The Journal of urology*, *151*(1), 54–61.

Fink, H. A., Mac Donald, R., Rutks, I. R., Nelson, D. B., & Wilt, T. J. (2002). Sildenafil for male erectile dysfunction: a systematic review and meta-analysis. *Archives of Internal Medicine*, *162*(12), 1349–1360.

Hartmann, U. (2011). State-of-the-Art der Sexualtherapie und Anforderungen an ihre Weiterentwicklung. *Sexuologie*, *18*(1–2), 3–24.

Deutsche Gesellschaft für Neurologie (DGN) (2018). Leitlinien für Diagnostik und Therapie in der Neurologie – Diagnostik und Therapie der erektilen Dysfunktion. Verfügbar unter: https://www.awmf.org/uploads/tx_szleitlinien/030-112l_S1_Erektilen_Dysfunktion_Diagnostik_Therapie_2018-05.pdf (22.08.2020).

Hatzimouratidis, K., Amar, E., Eardley, I., Giuliano, F., Hatzichristou, D., Montorsi, F., … & Wespes, E. (2010). Guidelines on male sexual dysfunction: erectile dysfunction and premature ejaculation. *European urology*, *57*(5), 804–814.

Kinsey, A. C. (1948). Sexual Behavior in the Human Male. Philadelphia: Saunders. deutsch.

Kouidrat, Y., Pizzol, D., Cosco, T., Thompson, T., Carnaghi, M., Bertoldo, A., … & Veronese, N. (2017). High prevalence of erectile dysfunction in diabetes: a systematic review and meta-analysis of 145 studies. *Diabetic Medicine*, *34*(9), 1185–1192.

Kubin, M., Wagner, G., & Fugl-Meyer, A. R. (2003). Epidemiology of erectile dysfunction. *International Journal of Impotence Research*, *15*(1), 63–71.

Nguyen, H. M. T., Gabrielson, A. T., & Hellstrom, W. J. (2017). Erectile dysfunction in young men—a review of the prevalence and risk factors. *Sexual medicine reviews*, *5*(4), 508–520.

Silva, A. B., Sousa, N., Azevedo, L. F., & Martins, C. (2017). Physical activity and exercise for erectile dysfunction: systematic review and meta-analysis. *British Journal of Sports Medicine*, *51*(19), 1419–1424.

Ventegodt, S. (1998). Sex and the quality of life in Denmark. *Archives of sexual behavior*, *27*(3), 295–307.

Dennerstein, L., Lehert, P., Burger, H., & Dudley, E. (1999). Mood and the menopausal transition. *The Journal of nervous and mental disease, 187*(11), 685–691.

Dunn, K. M., Cherkas, L. F., & Spector, T. D. (2005). Genetic influences on variation in female orgasmic function: A twin study. *Biology Letters, 1*(3), 260–263.

Frederick, D. A., John, H. K. S., Garcia, J. R., & Lloyd, E. A. (2018). Differences in orgasm frequency among gay, lesbian, bisexual, and heterosexual men and women in a US national sample. *Archives of Sexual Behavior, 47*(1), 273–288.

Graham, C. A. (2010). The DSM diagnostic criteria for female sexual arousal disorder. *Archives of Sexual behavior, 39*(2), 240–255.

Hartmann, U. (Hrsg.).(2018). *Sexualtherapie. Ein neuer Weg in Theorie und Praxis*. Springer Verlag: Berlin.

Heiman, J., & LoPiccolo, J. (1988). *Becoming orgasmic: A sexual and personal growth program for women*. Prentice Hall.

Lehmann, A., Rosemeier, H. P., & Grusser-Sinopoli, S. M. (2004). Weibliches Orgasmuserleben: vaginal-klitoral?.*SEXUOLOGIE-STUTTGART-, 10*(4), 128–133.

LoPiccolo, J., & Stock, W. E. (1986). Treatment of sexual dysfunction. *Journal of consulting and clinical psychology, 54*(2), 158.

Montgomery, S. A., Baldwin, D. S., & Riley, A. (2002). Antidepressant medications: a review of the evidence for drug-induced sexual dysfunction. *Journal of affective disorders, 69*(1-3), 119–140.

Shifren, J. L., Monz, B. U., Russo, P. A., Segreti, A., & Johannes, C. B. (2008). Sexual problems and distress in United States women: prevalence and correlates. *Obstetrics & gynecology, 112*(5), 970–978.

Althof, S. E., Leiblum, S. R., Chevret-Measson, M., Hartmann, U., Levine, S. B., McCabe, M., ... & Wylie, K. (2005). Psychology: Psychological and interpersonal dimensions of sexual function and dysfunction. *The journal of sexual medicine, 2*(6), 793–800.

Basson, R., Brotto, L. A., Laan, E., Redmond, G., & Utian, W. H. (2005). WOMEN'S SEXUAL DYSFUNCTIONS: Assessment and Management of Women's Sexual Dysfunctions: Problematic Desire and Arousal. *The Journal of Sexual Medicine, 2*(3), 291–300.

Basson, R., Young, A., Brotto, L. A., Driscoll, M., Correia, S., & Labrie, F. (2015). Re: is there a correlation between androgens and sexual desire in women?.*The journal of sexual medicine, 12*(7), 1654–1655.

Chiechi, L. M., Granieri, M., Lobascio, A., Ferreri, R., & Loizzi, P. (1997). Sexuality in the climacterium. *Clinical and experimental obstetrics & gynecology, 24*(3), 158.

Chivers, M. L., Seto, M. C., Lalumiere, M. L., Laan, E., & Grimbos, T. (2010). Agreement of self-reported and genital measures of sexual arousal in men and women: A meta-analysis. *Archives of sexual behavior, 39*(1), 5–56.

Frühauf, S., Gerger, H., Schmidt, H. M., Munder, T., & Barth, J. (2013). Efficacy of psychological interventions for sexual dysfunction: a systematic review and meta-analysis. *Archives of Sexual Behavior, 42*(6), 915–933.

Hassan Saadat, S., Panahi, Y., Hosseinialhashemi, M., Kabir, A., Rahmani, K., & Sahebkar, A. (2017). Systematic review and meta-analysis of flibanserin's effects and adverse events in women with hypoactive sexual desire disorder. *Current drug metabolism, 18*(1), 78–85.

Kleinplatz, P. J. (2001). *New directions in sex therapy.* Brunner-Routledge: Philadelphia.

Laumann, E. O., Nicolosi, A., Glasser, D. B., Paik, A., Gingell, C., Moreira, E., & Wang, T. (2005). Sexual problems among women and men aged 40–80 y: prevalence and correlates identified in the Global Study of Sexual Attitudes and Behaviors. *International journal of impotence research, 17*(1), 39–57.

Laumann, E. O., Paik, A., Glasser, D. B., Kang, J. H., Wang, T., Levinson, B., … & Gingell, C. (2006). A cross-national study of subjective sexual well-being among older women and men: findings from the Global Study of Sexual Attitudes and Behaviors. *Archives of sexual behavior, 35*(2), 143–159.

Laumann, E. O., Paik, A., & Rosen, R. C. (1999). Sexual dysfunction in the United States: prevalence and predictors. *Jama, 281*(6), 537–544.

Marhenke, T. & Imhoff, R. (2020). Die Versorgung von sexuellen Funktionsstörungen durch Heilpraktiker in Deutschland. *Sexuologie.* Accepted for Publication.

Parish, S. J., & Hahn, S. R. (2016). Hypoactive sexual desire disorder: a review of epidemiology, biopsychology, diagnosis, and treatment. *Sexual medicine reviews, 4*(2), 103–120.

Paterson, L. Q., Handy, A. B., & Brotto, L. A. (2017). A pilot study of eight-session mindfulness-based cognitive therapy adapted for women's sexual interest/arousal disorder. *The Journal of Sex Research, 54*(7), 850–861.

Rosen, R. C., Shifren, J. L., Monz, B. U., Odom, D. M., Russo, P. A., & Johannes, C. B. (2009). Epidemiology: Correlates of sexually related personal distress in women with low sexual desire. *The journal of sexual medicine, 6*(6), 1549–1560.

Rump, M. J., & Maß, R. (2015). Die ambulante Versorgung von Personen mit sexuellen Funktionsstörungen auf dem Lande – ein schlafender Hund? *Zeitschrift für Sexualforschung, 28,* 22–35.

Arnold, L. D., Bachmann, G. A., Kelly, S., Rosen, R., & Rhoads, G. G. (2006). Vulvodynia: characteristics and associations with co-morbidities and quality of life. *Obstetrics and gynecology, 107*(3), 617.

Basson, R. (2012). The recurrent pain and sexual sequelae of provoked vestibulodynia: a perpetuating cycle. *The journal of sexual medicine, 9*(8), 2077–2092.

Basson, R., Leiblum, S., Brotto, L., Derogatis, L., Fourcroy, J., Fugl-Meyer, K., … & Schover, L. (2004). Revised definitions of women's sexual dysfunction. *The journal of sexual medicine, 1*(1), 40–48.

Christensen, B. S., Grønbæk, M., Osler, M., Pedersen, B. V., Graugaard, C., & Frisch, M. (2011). Sexual dysfunctions and difficulties in Denmark: prevalence and associated sociodemographic factors. *Archives of sexual behavior, 40*(1), 121–132.

Farmer, M. A., & Meston, C. M. (2007). Predictors of genital pain in young women. *Archives of sexual behavior, 36*(6), 831–843.

Flanagan, E., Herron, K. A., O'Driscoll, C., & Williams, A. C. D. C. (2015). Psychological Treatment for Vaginal Pain: Does Etiology Matter? A Systematic Review and Meta-Analysis. *The journal of sexual medicine, 12*(1), 3–16.

Hallam-Jones, R., Wylie, K. R., Osborne-Cribb, J., Harrington, C., & Walters, S. (2001). Sexual difficulties within a group of patients with vulvodynia. *Sexual and Relationship Therapy, 16*(2), 113–126.

Latthe, P., Latthe, M., Say, L., Gülmezoglu, M., & Khan, K. S. (2006). WHO systematic review of prevalence of chronic pelvic pain: a neglected reproductive health morbidity. *BMC public health, 6*(1), 1–7.

McDonald, E. A., Gartland, D., Small, R., & Brown, S. J. (2015). Dyspareunia and childbirth: a prospective cohort study. *BJOG: An International Journal of Obstetrics & Gynaecology, 122*(5), 672–679.

Nguyen, R. H., Turner, R. M., Rydell, S. A., MacLehose, R. F., & Harlow, B. L. (2013). Perceived stereotyping and seeking care for chronic vulvar pain. *Pain Medicine, 14*(10), 1461–1467.

Schumann, C. (2016). „Irgendwoher muss es doch kommen!"–Psychosomatischer Umgang mit chronischen Unterleibsschmerzen. *Gyne, 37*(3), 22–27.

Vlaeyen, J. W., & Linton, S. J. (2000). Fear-avoidance and its consequences in chronic musculoskeletal pain: a state of the art. *Pain, 85*(3), 317–332.

Zarski, A. C., Berking, M., Hannig, W., & Ebert, D. D. (2018). Wenn Geschlechtsverkehr nicht möglich ist: Vorstellung eines internetbasierten Behandlungsprogramms für Genito-Pelvine Schmerz-Penetrationsstörung mit Falldarstellung. *Verhaltenstherapie, 28*(3), 177–184.

Brotto, L. A. (2010). The DSM diagnostic criteria for hypoactive sexual desire disorder in women. *Archives of sexual behavior, 39*(2), 221–239.

Buddeberg, C., Bass, B., & Gnirss-Bormet, R. (1994). Die lustlose Frau—der impotente Mann. *Familiendynamik, 19*(3), 266–280.

Fugl-Meyer, K. S., & Fugl-Meyer, A. R. (2002). Sexual disabilities are not singularities. *International Journal of Impotence Research, 14*(6), 487–493.

Isidori, A. M., Giannetta, E., Gianfrilli, D., Greco, E. A., Bonifacio, V., Aversa, A., ... & Lenzi, A. (2005). Effects of testosterone on sexual function in men: Results of a meta-analysis. *Clinical endocrinology, 63*(4), 381–394.

Levine, S. B. (2010). Hypoactive sexual desire disorder in men: basic types, causes, and treatment. *Psychiatric Times, 1*, 40–45.

Mercer, C. H., Fenton, K. A., Johnson, A. M., Wellings, K., Macdowall, W., McManus, S., ... & Erens, B. (2003). Sexual function problems and help seeking behaviour in Britain: national probability sample survey. *Bmj, 327*(7412), 426–427.

Meston, C. M., & Frohlich, P. F. (2000). The neurobiology of sexual function. *Archives of General Psychiatry, 57*(11), 1012–1030.

Rubio-Aurioles, E., & Bivalacqua, T. J. (2013). Standard operational procedures for low sexual desire in men. *The journal of sexual medicine, 10*(1), 94–107.

Wang, C., Nieschlag, E., Swerdloff, R., Behre, H. M., Hellstrom, W. J., Gooren, L. J., … & Morley, J. E. (2008). Investigation, treatment and monitoring of late-onset hypogonadism in males: ISA, ISSAM, EAU, EAA and ASA recommendations. *European journal of endocrinology*, *159*(5), 507–514.

Briken, P., & Berner, M. (Eds.). (2013). *Praxisbuch Sexuelle Störungen: Sexuelle Gesundheit, Sexualmedizin, Psychotherapie sexueller Störungen*. Georg Thieme Verlag.

Hartmann, U., Schedlowski, M., & Krüger, T. H. C. (2005). Cognitive and partner-related factors in rapid ejaculation: Differences between dysfunctional and functional men. *World journal of urology*, *23*(2), 93–101.

Jannini, E. A., & Lenzi, A. (2005). Epidemiology of premature ejaculation. *Current opinion in urology*, *15*(6), 399–403.

Jern, P. (2014). Evaluation of a behavioral treatment intervention for premature ejaculation using a handheld stimulating device. *Journal of sex & marital therapy*, *40*(5), 358–366.

Jern, P., Santtila, P., Johansson, A., Varjonen, M., Witting, K., Von Der Pahlen, B., & Sandnabba, N. K. (2009). Evidence for a genetic etiology to ejaculatory dysfunction. *International Journal of Impotence Research*, *21*(1), 62–67.

Lindau, S. T., Schumm, L. P., Laumann, E. O., Levinson, W., O'Muircheartaigh, C. A., & Waite, L. J. (2007). A study of sexuality and health among older adults in the United States. *New England Journal of Medicine*, *357*(8), 762–774.

Mathers, M. J., Sommer, F., Degener, S., Brandt, A. S., & Roth, S. (2013). Die Ejaculatio praecox in der urologischen Praxis. *Aktuelle Urologie*, *44*(01), 33–39.

Patrick, D. L., Althof, S. E., Pryor, J. L. et al. (2005). Premature ejaculation: an observational study of men and their partners. *Journal of Sexual Medicine*, *2*, 358–377.

Pazmany, E., Bergeron, S., Van Oudenhove, L., Verhaeghe, J., & Enzlin, P. (2013). Body image and genital self-image in pre-menopausal women with dyspareunia. *Archives of sexual behavior*, *42*(6), 999–1010.

Porst, H. (2009). Der vorzeitige Samenerguss (Ejaculatio praecox). *Der Urologe*, *48*(6), 663–674.

Rosen, R. C., McMahon, C. G., Niederberger, C., Broderick, G. A., Jamieson, C., & Gagnon, D. D. (2007). Correlates to the clinical diagnosis of premature ejaculation: results from a large observational study of men and their partners. *The Journal of urology*, *177*(3), 1059–1064.

Rowland, D. L., Tai, W. L., & Slob, A. K. (2003). An exploration of emotional response to erotic stimulation in men with premature ejaculation: Effects of treatment with clomipramine. *Archives of sexual behavior*, *32*(2), 145–153.

Salonia, A., Gallina, A., Rocchini, L., Pellucchi, F., Saccà, A., Zanni, G., … & Guazzoni, G. (2009). Acceptance of and discontinuation rate from Paroxetine treatment in patients with lifelong premature ejaculation: an observational survey at a major tertiary academic centre. *The Journal of Urology*, *181*(4S), 530–530.

Serefoglu, E. C., McMahon, C. G., Waldinger, M. D., Althof, S. E., Shindel, A., Adaikan, G., … & Giraldi, A. (2014). An evidence-based unified definition of lifelong and acquired premature ejaculation: Report of the second International Society for Sexual Medicine Ad Hoc Committee for the Definition of Premature Ejaculation. *The journal of sexual medicine*, *11*(6), 1423–1441.

Waldinger, M. D., Zwinderman, A. H., Olivier, B., & Schweitzer, D. H. (2005b). Proposal for a definition of lifelong premature ejaculation based on epidemiological stopwatch data. *The journal of sexual medicine*, 2(4), 498–507.

Yang, Y., Wang, X., Bai, Y., & Han, P. (2018). Circumcision does not have effect on premature ejaculation: a systematic review and meta-analysis. *Andrologia*, *50*(2), e12851.

Paraphilien

3

Paraphilien bezeichnen sexuelle Neigungen, die deutlich von der Norm abweichen. Seit der Veröffentlichung der DSM-5 (2013) sind Paraphilien jedoch nicht mehr grundsätzlich störungswertig, sondern nur noch bei Vorliegen von Leidensdruck bei der betroffenen Person oder bei Beeinträchtigung anderer Personen. In der DSM-5 gibt es ein A-, ein B- und in einigen Fällen ein C-Kriterium um die einzelnen Paraphilien zu beschreiben. Im A-Kriterium wird die Symptomatik der jeweiligen Paraphilie beschrieben. Im B-Kriterium wird beschrieben, dass durch das Ausleben der Paraphilie andere Personen leiden oder die betroffene Person selbst. Das C-Kriterium beinhaltet eine Beschreibung des Alters der Betroffenen. Wenn nur das A-Kriterium erfüllt ist, wird von einer Paraphilie gesprochen. Sind A- und B-Kriterium erfüllt, liegt eine paraphilen Störung vor. Aufgrund des Umfangs wird nur das A- und eventuell das C-Kriterium vor jedem Kapitel beschrieben.

3.1 Voyeuristische Störung (F65.3)

Definition nach DSM-5 (2015)

A. Über einen Zeitraum von mindestens 6 Monaten wiederkehrende und intensive sexuelle Erregung durch das Beobachten einer nichtsahnenden Person, die nackt ist, sich gerade entkleidet oder sexuelle Handlungen ausführt, was sich in Fantasien, dranghaften Bedürfnissen oder Verhaltensweisen zeigt

C. Die Person, die diese Erregung erlebt und/oder die dranghaften Bedürfnisse auslebt, ist mindestens 18 Jahre alt.

© Der/die Autor(en), exklusiv lizenziert durch Springer Fachmedien Wiesbaden GmbH, ein Teil von Springer Nature 2020
T. Marhenke, *Sexuelle Störungen*, essentials,
https://doi.org/10.1007/978-3-658-32169-7_3

Im beginnenden 21. Jahrhundert gibt es eine relativ breite Kategorie von akzeptiertem Voyeurismus und eine relativ schmale Kategorie von pathologischem Voyeurismus (Balon 2016). Pornografisches Material zu konsumieren, könnte zum Beispiel bereits als voyeuristische Neigung verstanden werden, was aufgrund der Verbreitung von Pornografie jedoch fragwürdig ist und eine sehr weitgefasste Definition von Voyeurismus bedingen würde. Rye und Meaney (2007) untersuchten voyeuristische Neigungen in einer nicht-klinischen Population und fanden heraus, dass 83 %der Männer und 74 %der Frauen eine fremde Person beim Auskleiden betrachten würden, wenn sie nicht erwischt werden würden. Immerhin 70 % aller Männer und 40 % aller Frauen würden ein Paar beim Geschlechtsverkehr beobachten, wenn es unbemerkt bliebe.

Studious Sophie:
Voyeuristische Neigungen sind weitverbreitet in der Gesellschaft!

Voyeuristische Handlungen mit einer nichteinwilligenden Person objektivieren die beobachtete Person und sind Hopkins und Kollgen (2016) zufolge die häufigste Form paraphilen Verhaltens und können gesetzeswidrig sein (Balon 2016). Voyeuristische Handlungen werden von Voyeuren häufig ausgelebt (Hopkins und Kollgen 2016), die vergleichsweise selten dabei erwischt werden.

Epidemiologie
Langström und Seto (2006) berichten, dass in einer repräsentativen Studie 11,5 % aller Männer und 3,1 % aller Frauen mindestens einmal andere Personen heimlich beim Geschlechtsverkehr beobachtet haben. Hopkins und Kollegen (2016) schlussfolgern aus den vorhandenen Daten, dass Voyeurismus bei Männern insgesamt stärker verbreitet ist.

Ätiologie Voyeuristische Neigungen entwickeln sich häufig mit Beginn der Pubertät. So geben mehr als 50 % der Voyeure an, voyeuristisches Verlangen vor dem 15. Lebensjahr verspürt zu haben (Kaplan und Krueger 1997).

In Bezug auf ihren Lebensstil unterscheiden sich Personen mit Voyeurismus nicht von anderen Personen. Menschen mit Voyeurismus haben ähnlich häufig eine feste Beziehung, eine vergleichbare Intelligenz und ein vergleichbares Bildungsniveau wie nichtvoyeuristische Personen (Hopkins und Kollgen 2016). Bei näherer Analysesind jedoch einige Auffälligkeiten feststellbar. Personen mit Voyeurismus weisen öfter Alkohol- und Drogenprobleme auf, spielen häufiger Glücksspiele, sind überdies häufiger homosexuell und weisen in mehr Fällen als nichtvoyeuristische Personen psychiatrische Erkrankungen auf (Langström und Seto 2006).

Voyeurismus kann als Symptom einer Störung der ‚Umwerbung‘ der Kontaktaufnahme zum Ziel sexueller Handlungen im Rahmen eines Courtship-Disorder-Models, verstanden werden (Hopkins et al. 2016).

Therapy Tara:
Manche Voyeure werden fälschlicherweise als Exhibitionisten angesehen, da Voyeure manchmal während voyeuristischer Handlungen masturbieren.

Behandlung

Die Informationen über die Behandlung von Voyeurismus sind spärlich. Es gibt einige erfolgreiche Behandlungen mit SSRI als medikamentöser Intervention. Als psychologische Intervention wird kognitive Verhaltenstherapie mit einem Rückfallpräventionsschwerpunkt empfohlen.

Balon (2016) fasst den Forschungsstand zusammen und kommt zu dem Schluss, dass „there is not enough solid and consistent evidence to support or prefer any treatment and that any treatment of voyeurism should be considered experimental" (S. 69).

3.2   Exhibitionistische Störung (F65.2)

Definition nach DSM-5 (2015)

A: Über einen Zeitraum von mindestens sechs Monaten wiederkehrende und intensive sexuelle Erregung durch das Zurschaustellen der eigenen Genitalien gegenüber einer nichtsahnenden Person vor, was sich in Fantasien, dranghaften Bedürfnissen oder Verhaltensweisen zeigt.

Für Exhibitionisten ist der zentrale Zweck der erotischen Aktivität, sich die Aufmerksamkeit von anderen zu sichern, auch durch Zwang (Hopkins et al. 2016). Voyeuristische Handlungen mit einer nichteinwilligenden Person objektivieren die beobachtete Person und sind Hopkins und Kollgen (2016) zufolge die häufigste Form paraphilen Verhaltens und können gesetzeswidrig sein (Balon 2016). Voyeuristische.

Exhibitionistische Handlungen zählen nach den voyeuristischen Verhaltensweisen zu den häufigsten sexuellen Handlungen, die gesetzwidrig sein können (Langstrom 2010). Bei einer vertraulichen Untersuchung an 140 exhibitionistischen Personen, gaben diese an sich durchschnittlich vor 513 Personen exhibitioniert zu haben. (Hopkins et al. 2016).

Studious Sophie:
An Orten mit vielen Personen sind exhibitionistische Handlungen am häufigsten!

Typische Opfer von exhibitionistischen Handlungen sind junge, dem Täter unbekannte Frauen. Exhibitionisten berichteten, dass sie sich in mehr als zwei Drittel der Fälle gegenüber Fremden nackt zeigen (Freund et al. 1988). Die Wahrscheinlichkeit als Frau Opfer exhibitionistischer Handlungen zu werden variiert je nach Studie zwischen 33 % und 52 % (Clark et al. 2016) und kann zu erheblichem Stress führen. Entgegen landläufiger Vorstellungen sind typische Orte für exhibitionistische Handlungen weder dunkle Parks noch einsame Straßen, sondern stark frequentierte Orte wie U-Bahn-Stationen (Clark et al. 2016).

Als eine neuartige Variante des Exhibitionismus kann das Sexting betrachtet werden, also das Senden von sexuell eindeutigen Nachrichten oder von Nacktbildern. Erste Studien zeigen, dass homosexuelle Männer positiv auf unaufgeforderte Penisbilder reagieren (Tziallas 2015), während Reaktionen von Frauen überwiegend negativ sind (Vitis und Gilmour 2017). Einer ersten empirischen Untersuchung zufolge gibt es keinen bedeutsamen Zusammenhang zwischen exhibitionistischen Tendenzen offline und der Neigung, Nacktfotos von sich selbst online zu verschicken (Oswald et al. 2019), was nahelegt, dass es sich um zwei distinkte Personenkreise handelt.

Epidemiologie
In einer der wenigen Studien mit einer repräsentativen Stichprobe von 4.800 Schweden berichten Langström und Seto (2006) von einer Prävalenz exhibitionistischer Handlungen von 4,3 % bei Männern und 2,1 % bei Frauen. Personen mit Exhibitionismus hatten häufiger geschiedene Eltern, erlebten sexuellen Missbrauch vor dem 18. Lebensjahr und konsumierten häufiger Drogen und Alkohol als Personen ohne Exhibitionismus. Zudem bezahlten diese Personen häufiger für Sex, hatten häufiger sexuell übertragbare Erkrankungen und erlebten sich sexuell als leichter erregbar.

Ätiologie Exhibitionistische Neigungen beginnen typischerweise entweder zu Beginn der Pubertät mit elf bis 15 Jahren oder im Zeitraum von 21–25 Jahren (Blair und Lanyon 1981). Bei Jugendlichen ist es jedoch diagnostisch schwierig zu unterscheiden, ob es sich um altersangemessene sexuelle Neugierde oder um pathologisches exhibitionistisches Verhalten handelt (DSM-5 2013).

Exhibitionismus kann im Rahmen des ‚Courtship-Disorder-Models' verstanden werden (Balon 2016). Dieses Modell geht davon aus, dass paraphile Störungen jeweils eine von vier normalen Courtship-Interaction-Phases (einen Partner lokalisieren, prätaktile Interaktion, taktiler Interaktion und genitale Vereinigung) betreffen. Exhibitionismus wäre demzufolge eine Störung der prätaktilen Phase, die normalerweise charakterisiert ist durch nonverbale und verbale Annäherungen wie Anschauen, Lächeln und Sprechen mit einem potenziellen Partner.

Es gibt eine relativ hohe Komorbidität mit anderen sexuellen Störungen. In einer Untersuchung von Lang et al. (1987) gaben von allen befragten Exhibitionisten 71 % an, Voyeurismus zu betreiben, 32 % haben schon obszöne Telefonanrufe getätigt und 26 % gaben frotteuristische Handlungen an. Zudem wird angenommen, dass Exhibitionisten häufig hypersexuell sind (Balon 2016).

Behandlung
Die Behandlung von Exhibitionismus ist ein wenig bekanntes Gebiet. Gruppentherapie ist eine kosteneffektive Intervention und kommt auch häufig zum Einsatz. Kognitiv-behaviorale Ansätze fokussieren dabei insbesondere die Rückfallprophylaxe, die beispielsweise die Vermeidung von Hochrisikosituationen und die Erschwerung von typisch exhibitionistischen Handlungsabläufen beinhaltet. Zudem ist es sinnvoll, Intimitätsdefizite und Bindungsprobleme zu bearbeiten, um die emotionalen Bedürfnisse der Patienten zu stillen. Zur medikamentösen Behandlung können SSRI eingesetzt werden. Lokale Selbsthilfegruppen wie die

Anonymen Sexaholiker oder Selbsthilfe-Literatur sind ebenfalls mögliche Hilfestellungen. Eine hormonelle Therapie kann bei Patienten infrage kommen, bei denen Psychotherapie oder Antidepressiva nicht anschlagen, und wenn weitere Störungen wie Hypersexualität auftreten (Balon 2016). Patienten mit Exhibitionismus weisen eine hohe Rezidivrate auf (Swindell et al. 2011). Selbst Patienten mit ausgeprägter intrinsischer Motivation beschreiben starke exhibitionistische Impulse, die durch Langeweile, zwischenmenschliche Konflikte, aber auch dysphorische Stimmungen verstärkt werden (Grant 2005) und denen sie nur schwer widerstehen können.

Therapy Tara erklärt:
Selbst bei motivierten Patienten gibt es viele exhibitionistische Rückfälle!

3.3 Frotteuristische Störung (F65.81)

Definition nach DSM-5 (2015)

A: Über einen Zeitraum von mindestens 6 Monaten wiederkehrende oder intensive sexuelle Erregung durch das Berühren oder Sich-Reiben an einer nicht einwilligenden Person, was sich in Fantasien, dranghaften Bedürfnissen oder Verhaltensweisen zeigt

Frotteurismus gilt als eine der am wenigsten verstandenen Paraphilien in der DSM (Clark et al. 2016). Das liegt zum Teil daran, dass wenige Studien speziell für Frotteurismus konzipiert wurden. Das ist insofern verwunderlich, als Frotteurismus in nicht klinischen Stichproben nicht ungewöhnlich ist (Joyal und Carpentier 2017) und mögliche rechtliche Konsequenzen für die Frotteure sowie psychologische Auswirkungen bei den Opfern erheblich sein können (Johnson et al. 2014). Ahlers (2010) vermutet, dass dieses Forschungsdefizit zum Teil der Tatphänomenologie geschuldet ist. Denn bei dieser liegt das Hauptinteresse beim Sich-Reiben an nicht einwilligenden Personen, wobei dies häufig an überfüllten Orten mit viel Gedränge wie in öffentlichen Verkehrsmitteln, auf Konzerten oder in Einkaufszentren vorkommt. Dies erfüllt aus der Sicht des Frotteurs zweierlei Zweck. Zum einen ist es für die Opfer schwierig, absichtliche von zufälligen Berührungen zu unterscheiden. Zum anderen ist es für Frotteure leichter, sich schnell zu entfernen, wenn sie erkannt werden. Der Akt des Sich-Reibens wird dabei häufig nicht von Opfern erkannt oder berichtet (Balon 2016).

Studious Sophie erklärt:
Frotteurismus ist in Japan unter dem Begriff `chikan` bekannt.
Wegen `chikan` wurden Busse und Zugabteilungen nur für Frauen eingerichtet.

Die meisten frotteuristischen Handlungen werden von Jugendlichen und jungen Erwachsenen mit selbstunsicherer Persönlichkeitsakzentuierung begangen. Im späten Erwachsenenalter sind Männer mit frotteuristischen Neigungen emotional unausgeglichen und verunsichert, dabei tendenziell von introvertierter Natur. Zudem sind sie gleichzeitig offen für neue Erfahrungen sowie misstrauisch gegenüber den Mitmenschen (Ahlers 2010).

Die theoretische Abgrenzung gegenüber anderen Paraphilien ist nicht immer möglich, da das Reiben oder Berühren von Minderjährigen auch als Form von Pädophilie betrachtet werden kann. Wenn der Penis beim Reiben entblößt wird, kann dies auch als Form von Exhibitionismus verstanden (Balon 2016). Außerdem ergaben empirische Untersuchungen (Freund und Seto 1998), dass Frotteurismus häufig mit anderen Paraphilien wie Voyeurismus oder Exhibitionismus auftritt. Bradford et al. (1992) berichten, dass von Männern mit voyeuristischen Aktivitäten 66 %ebenfalls frotteuristische Handlungen ausgeführt haben.

Epidemiologie
Johnson und Kollegen (2014) berichten in ihrem Review von vier Prävalenzstudien zu Frotteurismus. Die Häufigkeit lag bei 7,9 %, 9,1 %, 9,7 % und 35 %. Bei Sexualstraftätern finden sich bei 25 % der Personen frotteuristische Handlungen, wobei diese Zahlen einen tendenziell niedrigen Wert beschreiben (Abel et al. 1987).

In einer jüngeren Untersuchung (Joyal und Carpentier 2017), bei der die Frage gestellt wurde, ob man ‚jemals sexuell erregt wurde in dem man sich an einer fremden Person gerieben oder diese berührt hat', bejahten 32,2 % der Onlineteilnehmer die Frage. Diese Zahl verringerte sich auf 19,2 %, wenn Personen telefonisch befragt wurden. Bei männlichen Befragten sagten 34,2 % bei dieser Frage Ja, bei weiblichen Befragten 20,7 %.

Es ist darüber hinaus nicht ungewöhnlich, im Laufe seines Lebens Opfer frotteuristischer Handlungen zu werden. Nach Clark und Kollegen (2016) sind bereits 24 % der befragten, weiblichen Studierenden und 8 % der befragten, männlichen Studierenden Opfer frotteuristischer Handlungen geworden.

Ätiologie

Das frotteuristische Interesse beginnt typischerweise während der späten Adoleszenz oder im frühen Erwachsenenalter (Balon 2016), kann jedoch auch im Rahmen neurologischer Erkrankungen wie Parkinson vorkommen. Bei einer großen Anzahl von Personen mit Frotteurismus ist sexueller Missbrauch in der Kindheit vorgekommen (Joyal und Carpentier 2017).

Als bedeutende Theorie zur Beschreibung von Frotteurismus gilt die ‚Courtship-Disorder-Theory‘ (Freund und Seto 1998). Diese beschreibt eine Abfolge idealtypischer Interaktionsmuster, die sexuellem Kontakt vorangehen und diesen initiieren. Nach der Courtship-Disorder-Theory ist Frotteurismus eine Störung der dritten, d. h. der taktilen Phase, bei der körperlicher Kontakt aufgebaut wird.

Im Rahmen der Soziale-Inkompetenz-Hypothese tragen Schüchternheit, Hemmungen und Unsicherheit über die eigene Männlichkeit zu Verhaltensweisen bei, die sexuelle Befriedigung im einvernehmlichen und partnerschaftlichen Kontext erschweren (Balon 2016). Dies wiederum erhöht die sexuelle Bedürftigkeit der Betroffenen und die Wahrscheinlichkeit des Ausagierens paraphiler Neigungen.

Behandlung

Es gibt keine quantitativen Studien zur Behandlung von Personen mit Frotteurismus. Daher stammen therapeutische Empfehlungen aus der Behandlung von Personen mit anderen Paraphilien und beinhalten eine empathische und nichtwertende Grundhaltung, die Empfehlung von Selbsthilfegruppen und Medikationen vom Typ SSRI oder eventuell eine Hormonbehandlung bei schweren Fällen (Balon 2016).

3.4   Sexuell masochistische Störung (F65.51)

Definition nach DSM-5 (2015)

A: Über einen Zeitraum von mindestens 6 Monaten wiederkehrende intensive sexuelle Erregung aufgrund von Handlungen, die Gedemütigt-, Geschlagen- oder Gefesseltwerden umfassen oder auf andere Weise Leiden hervorrufen. Die sexuelle Erregung äußert sich in Fantasien, dranghaften Bedürfnissen oder Verhaltensweisen.

Sexueller Masochismus bezeichnet eine sexuelle Vorliebe, die in ein sexuelles Spektrum fällt, das mit dem Begriff ‚BDSM' beschrieben wird (Wylie und Wylie 2016) bezeichnet wird. Dabei handelt es sich um ein Akronym, das aus den Anfangsbuchstaben der englischen Bezeichnung Bondage and Discipline, Dominance and Submission, Sadism and Masochism gebildet wird. Es gibt eine bedeutende Koinzidenz zwischen sadistischer und masochistischer Neigung. Sandnabba und Kollegen (2002) berichten, dass 22,7 %der Befragten sich sowohl als sadistisch als auch als masochistisch, 27 % als hauptsächlich sadistisch und 50,2 % als hauptsächlich masochistisch bezeichneten.

Dabei ist Leidensdruck ein seltenes Phänomen, da die Mehrheit der Personen mit masochistischer Neigung zufrieden mit ihrer Orientierung ist (Spengler 1977; Moser und Levitt 1987), und sie als ich-synton erleben. Daher ist esfolgerichtig, dass Masochisten selten aufgrund der masochistischen Orientierung Kontakt mit Personen des Gesundheitswesens haben.

Studious Sophie weiß:
Masochismus ist eine der wenigen Paraphilien die besonders viele Frauen betrifft!

Personen mit masochistischer Neigung sind nach empirischer Befundlage sozial gut integriert und in beruflicher und finanzieller Hinsicht der Allgemeinbevölkerung nicht nachgestellt (Richters et al. 2003). Während masochistische Personen wenig unter ihrer Orientierung als solcher leiden, kommt es häufig zu Gewalt und Diskriminierungserfahrungen. Wright (2006) berichtet, dass 30 % der Masochisten aufgrund ihrer Praktiken Opfer von Diskriminierung am Arbeitsplatz wurden und 36 % erlebten Gewalt oder Belästigung aufgrund der sexuellen Neigung.

In einem jüngeren systematischen Review über Vergewaltigungsphantasien von Frauen geben Critelli und Bivona (2008) an, dass zwischen 31 %bzw. 57 % aller Frauen sexuelle Phantasien hatten, bei denen sie gegen ihren Willen zum Sex gezwungen werden und dass für 9–17 % aller Frauen dies eine häufige oder eine Lieblingsphantasie ist. Vergewaltigungsphantasien sollten jedoch nicht mit manifesten Wünschen gleichgesetzt werden.

Eine spezielle Form des Masochismus ist die Asphyxiophilie, bei der sexuelle Erregung durch Sauerstoffmangel erlebt wird (Colucci et al. 2016). Bei dieser gefährlichen und potenziell tödlichen Praxis sterben Schätzungen zufolge jährlich 250 bis 1000 Menschen in den USA. Asphyxiophilie wird praktiziert, indem Personen sich selbst strangulieren, mit einer Plastiktüte den Kopf abschnüren oder Gas o. ä.einsetzen bis zum Punkt des Verlustes des Bewusstseins. Bei dieser Form des Masochismus ist das Kriterium einer Pathologie aufgrund der Selbstschädigung mit hoher Wahrscheinlichkeit gegeben (Wylie und Wylie 2016).

Epidemiologie

Masochistisches Verhalten scheint relativ weitverbreitet zu sein. Schon Kinsey und Kollegen (1953) berichteten, dass 26 % aller befragten Männer und Frauen erotische Gefühle erlebten, wenn sie geschlagen wurden.

In einer jüngeren australischen Untersuchung (Richters et al. 2003) wurde eine große repräsentative Stichprobe telefonisch befragt. Es zeigte sich, dass 2,0 % aller Männer und 1,4 % aller Frauen in den letzten zwölf Monaten vor der Befragung masochistische sexuelle Handlungen ausgeübt hatten. In einer jüngeren Untersuchung an der Allgemeinbevölkerung verschob sich das Geschlechterverhältnis derart, dass Masochistische Handlungen und Wünsche bei Frauen häufiger waren als bei Männern (Joyal und Carpentier 2017; Chivers et al. 2014).

Bei der Auswertung von Gerichtsakten von Sexualstraftätern berichten Hill und Kollegen (2006), dass 5,4 % die Diagnose *sexueller Masochismus* hatten. Becker und Kollegen (2003) berichten, dass von ihrer untersuchten Population von Sexualstraftätern nur 2 % Masochisten waren. Insgesamt scheint es im forensischen Kontext keine große Häufung der Personen mit Masochismus zu geben, wenn berücksichtigt wird, wie häufig masochistische Neigungen in der Allgemeinbevölkerung sind.

Ätiologie

Es gibt zahlreiche Theorien über die Entstehung von Masochismus. Nach einer davon ist die Entwicklung sadomasochistischer Interessen bedingt durch Kindheitserfahrungen, insbesondere Kindheitstraumata oder Missbrauch. Wylie und Wylie (2016) merken dabei an, dass es bis dato nur wenig empirische Evidenz für eine der verschiedenen theoretischen Annahmen gibt.

Behandlung

Masochistische Patienten sind vergleichsweise selten in sexualspezifischen Behandlungssettings anzutreffen. Wenn diese jedoch medizinische Hilfe in Anspruch nehmen, dann häufig aufgrund eigener Motivation und selten, da sie rechtliche Schwierigkeiten aufgrund ihrer Paraphilie hatten (Freund et al. 1995).

3.5   Sexuell sadistische Störung (F65.52)

Definition nach DSM-5 (2015)

A: Über einen Zeitraum von mindestens 6 Monaten wiederkehrende intensive sexuelle Erregung aufgrund des physischen oder psychischen Leidens einer anderen Person. Die sexuelle Erregung äußert sich in Fantasien, dranghaften Bedürfnissen oder Verhaltensweisen.

▶ **Definition**   Eine sexuell sadistische Störung liegt vor, wenn über einen Zeitraum von mindestens sechs Monaten wiederkehrende intensive sexuelle Erregung aufgrund des physischen oder psychischen Leidens einer anderen Person vorliegt. Die sexuelle Erregung äußert sich in Fantasien, dranghaften Bedürfnissen oder Verhaltensweisen.

Die Diagnose von sexuellem Sadismus ist äußerst kontrovers und gleichzeitig im Gesundheitswesen wenig verstanden (Brown 2018). Entscheidend ist es, zu unterscheiden zwischen sexuellem Sadismus mit einwilligenden Personen und forensisch relevanten Formen von sexuellem Sadismus mit nichteinwilligenden Personen, da die Diagnose von sexuellem Sadismus für die Betroffenen langfristige Konsequenzen hat (Hamilton und Rosen 2016). Sadomasochistische Rollenspiele erfordern ein gegenseitiges Einvernehmen zwischen einwilligenden Personen, die gemeinsame sadomasochistische Interessen haben. Die forensisch relevante Form des Sexualsadismus hingegen erfordert die erzwungene Unterwerfung einer Person gegen ihren eigenen Willen (Nitschke et al. 2013). Sexueller

Sadismus wird als Diagnose häufig im forensischen Kontext genutzt, jedoch selten in einem ambulanten therapeutischen Kontext (Krueger 2010).

Studious Sophie:
Ein Großteil des Wissens über sexuelle Sadisten stammt aus dem forensischen Kontext.

Die meisten Patienten mit sexuellem Sadismus sind Männer. Diese entwickeln häufig während der Pubertät erste erotische Phantasien, bei denen anderen Schmerzen zugefügt werden. Diese Phantasie wird zunächst häufig durch die Betrachtung extremer Formen der Pornografie ausgelebt (Kirsch und Becker 2007), bevor sich im Erwachsenenalter die Möglichkeit ergibt, diese Neigungen über die Zufügung von psychischem oder körperlichem Leiden an einer Person, die nicht einwilligt, auszuleben (APA 2013; Chan und Heide 2009). Mit zunehmender Gewöhnung an gewalttätig-sexuelle Stimuli nimmt der Grad der Gewalt, der notwendig ist, um sexuell erregt zu werden, allmählich zu. Im höheren Alter nehmen der Sexualtrieb und das Verlangen nach sexuell sadistischen Handlungen allmählich ab (APA 2013) und sexuell sadistisch motivierte Handlungen werden seltener.

Eine weitere relevante Abgrenzung ist diejenige von sexueller Dominanz und sexuellem Sadismus. Der Schlüssel für die Unterscheidung liegt in der Motivation für verschiedenartige Verhaltensweisen wie Quälen oder Degradieren, aber auch Formen von Aggressionen geringeren Ausmaßes (z. B. Beißen, Kratzen, Haare ziehen), die während normalen, rauen Geschlechtsverkehres auftreten können und meist einvernehmlich sind. Wenn diese Verhaltensweisen darauf abzielen, Leid bei anderen Personen auszuüben, wodurch sexuelle Erregung ausgelöst wird, dann ist die Diagnose von Sadismus passend (Nitschke et al. 2013).

Epidemiologie
Über die Prävalenz von sexuellem Sadismus ist wenig bekannt. Schätzungen schwanken in forensischen Stichproben stark zwischen 2 % und 30 % (Kruger 2010). Dies ist zum Teil dem Umstand geschuldet, dass Befragungen zu sexuell sadistischen Neigungen als unzuverlässig gelten.

Bei einer jüngeren Untersuchung an der Allgemeinbevölkerung gaben 9,5 % der Männer und 5,1 % der Frauen einen Wunsch nach sexuell sadistischen Handlungen an. Dabei gaben 7,4 % aller Männer und 3,9 % aller Frauen an, mindestens einmal in ihrem Leben sexuell sadistisch gewesen zu sein (Joyal und Carpentier 2017).

Ätiologie

Als physiologisches Korrelat für sadistisches Sexualverhalten wird das Testosteronlevel angeführt. So konnte gezeigt werden, dass der Testosteronspiegel von 500 Sexualstraftätern bei denjenigen besonders hoch war, die die invasivsten Verbrechen begangen hatten und die eine höhere Rückfallwahrscheinlichkeit aufwiesen (Studer et al. 2005). Bei sadistischen Sexualstraftätern finden sich bestimmte Merkmale gehäuft. Diese sind voyeuristische Handlungen, obszöne Telefonanrufe und körperliche Misshandlung in der Kindheit (Dietz et al. 1990).

Behandlung

Evidenzbasierte Interventionen existieren sowohl für pharmakologische Methoden als auch für psychotherapeutische Ansätze, was nicht selbstverständlich für Paraphilien ist. Psychopharmakologisch werden drei Klassen von Medikamenten eingesetzt: SSRI, Antiandrogene und GnRH-Analogon (Hamilton und Rosen 2016). Diese gelten als zentral insbesondere bei schwereren Fällen, bei denen ein höheres Risiko der Fremdgefährdung besteht.

Antiandrogene verursachen eine deutliche Reduktion der sexuellen Phantasien und Aktivitäten und in 80–90 % der Fälle gibt es innerhalb von einem bis drei Monaten eine vollständige Remission von abweichendem sexuellem Verhalten. Dies gilt, solange die Medikamenteeingenommen werden (Bradford und Pawlak 1993).

GnRH-Analoga senken das Testosteronlevel innerhalb von zwei bis vier Wochen auf Kastrationsniveau (chemische Kastration). Untersuchungen mit diesen haben gezeigt, dass die Medikation die Symptomatik effektiv verringert und bei den meisten Patienten anspricht (Thibaut 2012). Als Nachteil wird eine Reihe von möglichen Nebenwirkungen wie Gewichtsverlust, Nausea, reduzierte Körperbehaarung, depressive Symptome und Gynäkomastie genannt.

Psychotherapeutische Ansätze können behaviorale Vorgehensweisen wie Aversionstherapie oder Systematische Desensibilisierung, aber auch kognitiv-behaviorale Ansätze wie Empathietraining beinhalten (APA 2013). Sinnvoll ist es, Faktoren zu fokussieren, die zu zukünftigen kriminellem Verhalten führen können, wie Beziehungsprobleme, geringe Selbstkontrolle, sexuell abweichendes Verhalten und sexuell deviante Beschäftigungen (Karl und Yates 2013).

3.6   Pädophile Störung (F65.4)

Definition nach DSM-5 (2015)

A: Über einen Zeitraum von mindestens 6 Monaten wiederkehrende intensive sexuell erregende Fantasien, sexuell dranghafte Bedürfnisse oder Verhaltensweisen, die sexuelle Handlungen mit einem präpubertären Kind oder Kindern (in der Regel 13 Jahre oder jünger) beinhalten.

C. Die Person ist mindestens 16 Jahre alt und mindestens 5 Jahre älter als das Kind oder die Kinder nach Kriterium A.

Abgegrenzt werden muss eine pädophile Störung von einer Zwangsstörung, da es vorkommen kann, dass Personen über ich-dystone Gedanken und Sorgen klagen, sich möglicherweise sexuell zu Kindern hingezogen zu fühlen. Eine weitere Unterscheidung muss getroffen werden zwischen pädophiler Neigung und Kindesmissbrauch. Zwar gibt es die gesellschaftliche Tendenz anzunehmen, dass alle Personen, die Kinder missbraucht haben, auch pädophil seien (Bridge und Dumann 2018). Diese Annahme ist jedoch unpräzise, da nicht alle Personen, die Kinder missbrauchen ('Child-Molesters'), auch pädophil sind und nicht jeder Pädophile ('Pedophile') auch Kinder missbraucht (Seto 2002).

Studious Sophie differenziert:
Sexualstraftäter haben häufig keine Paraphilie oder Pädophilie.
Patienten mit Pädophilien sind nicht gleichzusetzen mit Sexualstraftätern.
Dennoch gibt es auch pädophile Sexualstraftäter.

Nach Seto (2002) werden Pädophile von Kinderschändern nach bestimmten Kriterien unterschieden: Pädophile Personen haben typischerweise sexuelles Interesse an Jungen, die älter als acht Jahre sind, während Kinderschänder typischerweise Mädchen zwischen acht und zehn Jahren als Opfer aussuchen. Pädophile sind vergleichsweise selten aufgrund nichtsexueller Delikte vorbestraft, während bei Kinderschändern häufiger Gewalt auftritt und auch überdurchschnittlich häufig Straftaten ohne sexuellen Hintergrund. Einige Pädophile suchen nicht nur sexuellen Kontakt, sondern beabsichtigen, eine romantische Beziehung mit dem Kind aufzubauen und wünschen'freiwilliges' Interesse der Kinder (Seto 2012). Ein weiterer Unterschied besteht im Konsum von kinderpornografischem Material, der nach Seto (2010) insbesondere bei pädophilen Personen und seltener bei Kinderschändern ohne pädophilen Hintergrund vorkommt, weshalb Delikte mit Kinderpornografischem Material als guter Indikator für Pädophilie gelten (Imhoff 2015).

Aufgrund des sozial stigmatisierenden (Jahnke et al. 2015) bisstrafrechtlich relevanten Charakters von Pädophilie sind indirekte Indikatoren von besonderem Interesse. Die sogenannte penile Plethysmografie, bei der der Penisumfang während der Beobachtung sexueller Situationen gemessen wird, gilt als Goldstandard für objektive Messungen der sexuellen Neigung. Bei verurteilten Sexualstraftätern konnte einzig die penile Plethysmografie vorhersagen, welche Personen wieder straffällig werden (Moulden et al. 2009).

Die gesellschaftliche Ablehnung von Personen mit Pädophilie ist groß (Jahnke et al. 2015). Die Suizidrate nach Bekanntwerden pädophiler Straftatenist deutlicherhöht (Walter und Pridmore 2012).

Epidemiologie

Aussagen über die Verbreitung pädophiler Neigungen sind mit Vorsicht zu betrachten. In einer Untersuchung über sexuelles Verhalten im Internet zeigte sich, dass der Begriff „Preteen" der dritthäufigste Suchbegriff bei Männern war, was nahelegt, dass ein bedeutsames sexuelles Interesse an Kindern in einem nicht forensischen Kontext vorhanden ist (Dombert et al. 2016). In einer online durchgeführten Untersuchung an 1915 Männern gaben 9,5 % der Befragten an, pädophile sexuelle Phantasien zu haben, während pädophiles Verhalten von 3,8 % der Teilnehmer angegeben wurde. Die Häufigkeit von Pädophilie bei Frauen gilt als geringer (Imhoff 2015).

Ätiologie

Bei einer Untersuchung an 3904 männlichen Zwillingen zeigte sich ein bedeutsamer genetischer Einfluss auf die pädophile Neigung. Es zeigte sich jedoch auch, dass ein weit größerer Anteil der Varianz von Pädophilie,nämlich 85,4 %, durch Umwelteinflüsse erklärt wurden. Einer dieser Umwelteinflüsse sind möglicherweise sexuelle Erfahrungen in der eigenen Kindheit. Obwohl nicht alle Kinder, die sexuell missbraucht wurden, pädophil werden, gibt es dennoch eine Häufung von Pädophilen, die angeben,in der Kindheit selbst sexuell missbraucht worden zu sein (Alanko et al. 2013).

Seto (2002) erklärt die Entstehung einer pädophilen Neigung mit sozialen Kompetenzdefiziten, die dazu führen, dass Pädophile ihre emotionalen Bedürfnisse mit Gleichaltrigen nicht befriedigen können. Häufige Probleme betreffen dabei Annäherungen an potenzielle Partner, das Führen einer Unterhaltung sowie die Entschlüsselung nonverbaler Hinweise in einem Gespräch.

Typischerweise beginnt eine sexuelle Präferenz für Kinder während der Pubertät und istnach Seto (2012) ohne Behandlung eine lebenslange Bedingung zu sein. Im fortgeschrittenen Alter schwächt eine pädophile Störung wie das sexuelle Interesse insgesamt allmählich ab (Imhoff 2015).

Als Risikofaktoren für das Auftreten einer pädophilen Störung gelten Alkohol- und Drogenmissbrauch, da die enthemmende Wirkung der Substanzen die Wahrscheinlichkeit erhöht, dass eine Person, die sich sexuell zu Kindern angezogen fühlt, sich auch Kindern sexuell nähert. Zudem ist eine antisoziale Persönlichkeitsstörung ein Risikofaktor bei Männern (Imhoff 2015).

Behandlung
Es gibt psychologische und biologische Behandlungsmöglichkeiten für eine pädophile Störung. In einer jüngeren Metaanalyse (Lösel und Schmucker 2005) zeigte sich, dass biologische Behandlungsansätze bei Sexualstraftätern in Bezug auf die Rückfallwahrscheinlichkeit effektiver waren als psychotherapeutische Behandlungen.

Es gibt drei Kategorien von pharmakologischen Behandlungen: SSRI, steroidale Antiandrogene und GnRH-Analoga (Holoyda und Kellaher 2016). SSRI werden auch zur Behandlung von Depressionen eingesetzt und können pädophile sexuelle Fantasien und Handlungen reduzieren. Antiandrogene können Effekte der männlichen Geschlechtshormone aufheben und sorgen bei 80–90 % der Anwendenden für eine bedeutende Reduktion sexueller Phantasien und Handlungen nach vier bis zwölf Wochen der Anwendung. GnRH-Analoga sind synthetisch hergestellt und senken die Östrogen- und Androgenkonzentration. Diese Medikamente können pädophile Neigungen stark reduzieren und gelten insbesondere als empfehlenswert, wenn andere Behandlungsansätze erfolglos waren.

3.7   Transvestitische Störung (F65.1)

Definition nach DSM-5 (2015)

A: Über einen Zeitraum von mindestens 6 Monaten wiederkehrende und intensive sexuelle Erregung durch das Tragen der Kleidung des anderen Geschlechts (Cross-Dressing), was sich in Fantasien, dranghaften Bedürfnissen oder Verhaltensweisen zeigt.

Im Gegensatz zu anderen Paraphilien ist die Auslebung des Transvestitismus nicht durch Fremdbeeinträchtigung charakterisiert und ist demzufolge auch keine Straftat (Ahlers 2010). Anhand der Persönlichkeitsstruktur ist es nicht möglich Personen mit Transvestitismus von anderen Personen zu unterscheiden (Brown et al. 1996).Viele Personen, die sexuelle Erregung durch das Cross-Dressing erleben, halten ihr sexuelles Vergnügen selbst jedoch für nicht akzeptabel (Langström und Zucker 2005).

Oft entsteht Leidensdruck infolge negativer Reaktionen eines Partners oder durch die Sorge, aufgrund der sexuellen Neigung im sozialen oder beruflichen Bereich abgelehnt zu werden. Personen mit Transvestitismus leben daher typischerweise ihre sexuelle Vorliebe heimlich aus und sind auch über einen längeren Zeitraum bemüht, diese geheim zu halten (Ahlers 2010). Die überwiegende Anzahl der Transvestiten ist heterosexuell (Docter and Prince 1997). Neben dem Cross-Dressing gibt es auch häufig die sexuell erregende Vorstellung, eine Person des anderen Geschlechts zu sein (Autogynephilie). Die Phantasien, die mit der Autogynephilie einhergehen, können sich auf die Vorstellung stereotyp weiblicher Verhaltensweisen oder weiblicher physiologischer Funktionen beziehen. Darüber hinauskann Transvestitismus von Fetischismus begleitet werden, bei dem sexuelle Erregung durch Materialien oder Kleidung erlebt wird.

Studious Sophie erklärt:
Transvestiten werden häufig fehlverstanden entweder als homosexuell oder als transsexuell.

Epidemiologie
Die Prävalenz der Erfahrungen mit Transvestitismus in der Allgemeinbevölkerung beträgt insgesamt 4,9 %. Dieses Phänomen ist mit 6,5 % häufiger bei Männern, jedoch mit einer Häufigkeit von 3,5 % bei Frauen nicht zu vernachlässigen. Telefonisch befragt gaben 4,0 % von 1040 Erwachsenen an, transvestitische Erfahrungen gemacht zu haben. Dieser Wert erhöhte sich auf 5,7 %, wenn Personen online befragt wurden (Joyal und Carpentier 2017).

In einer weiteren Untersuchung an 2450 Personen in Schweden (Langström und Zucker 2005) gaben 2,8 % der Männer und 0,4 % der Frauen an, im Laufe ihres Lebens eine Erfahrung mit Transvestitismus gemacht zu haben.

Ahlers (2010) berichtet in seiner Untersuchung von Männern in einer deutschen Großstadt von den höchsten Werten mit 8,15 % der befragten Männer, die berichteten, sexuelle Erregung durch das Tragen von typisch weiblichen Kleidungsstücken zu erleben.

Ätiologie
Transvestitismus beginnt üblicherweise in der Pubertät oder im frühen Erwachsenenalter (Buhrich und Beaumont 1981). Differentialdiagnostisch relevant ist die Überlegung, ob bei der betreffenden Person ein Verlangen vorliegt, dem anderen Geschlecht anzugehören, also ob eventuell eine Geschlechtsdysphorie vorliegt. Transvestitismus ist häufig komorbid mit Sadomasochismus (Fedoroff 2008), Exhibitionismus und Voyeurismus (Langström und Zucker 2005; Lang et al. 1987). In der Zufallsstichprobe an mehr als 2000 Personen in Schweden (Langström und Zucker 2005) korrelierte transvestitische Neigung mit gleichgeschlechtlichen sexuellen Erfahrungen, überdurchschnittlichem Pornografiekonsum und einer überdurchschnittlichen Rate einer Trennung von den Eltern in der Kindheit.

Behandlung
Dzelme und Jones (2001) betrachten Cross-Dressing als Teil einer Paarproblematik. Versuche, die sexuelle Neigung selbst zu verändern, waren erfolglos, sodass das Ziel einer psychotherapeutischen Behandlung darin bestehen kann, die Partner dabei zu unterstützen, die Dynamiken des Transvestitismus besser zu verstehen. Gleichfalls kann das Cross-Dressing in die Partnerschaft integriert werden, sodass für beide Personen eine sexuell angenehme Erfahrung ermöglicht wird.Insgesamt

ist die transvestitische Störung relativ selten und noch weniger Personen suchen aufgrund des Transvestitismus professionelle Behandlung auf (Balon 2016).

3.8   Fetischistische Störung (F65.0)

Definition nach DSM-5 (2015)

A: Über einen Zeitraum von mindestens 6 Monaten wiederkehrende und intensive sexuelle Erregung durch entweder den Gebrauch von unbelebten Objekten oder einen ausgeprägten spezifischen Fokus auf mindestens ein nichtgenitales Körperteil, was sich in Fantasien, dranghaften Bedürfnissen oder Verhaltensweisen zeigt.

C. Die fetischistischen Objekte beschränken sich nicht auf Teile der Kleidung, die zum Cross-Dressing verwendet werden (wie beim Transvestitischen Fetischismus) oder auf Objekte, die zum Zweck der genitalen Stimulation hergestellt wurden (z. B. Vibrator).

Scorolli und Kollegen (2007) werteten Chatprotokolle mit mehr als 150.000 Personen anonym aus und prüften, welche Objekte besonders häufig eine erotisierende Wirkung hatten. Am häufigsten wurden mit 33 % Körperteile oder Aspekte des Körpers genannt. Als Körperteile, die nicht die Genitalien betreffen, wurden besonders häufig Füße oder Zehen erwähnt, aber auch Körperflüssigkeiten wie Blut oder Urin. Weitere Aspekte des Körpers sind häufig Übergewicht, Haare, aber auch Tätowierungen.

Über die emotionalen Auswirkungen und Zusammenhänge berichten Weinberg et al. (1994), die eine Gruppe von Fußfetischisten befragten. Die Mehrheit der Personen kam mit dem Fetisch gut zurecht und konnte ihn auch in Beziehungen integrieren. Ein weiterer Teil behielt den Fetisch für Füße für sich, lebte ihn parallel zur Beziehung aus und gab ebenfalls an, damit zufrieden zu sein. Nur knapp ein Fünftel der befragten Personen litt unter dem Fetisch und gab an, deswegen Schwierigkeiten im Privatleben zu haben und auf Ablehnung gestoßen zu sein.

Der Fetisch kann als stimulierendes Material bei der Masturbation eingesetzt werden. Wenn der Fetischist in einer Partnerschaft ist, so muss der Fetisch manchmal beim Geschlechtsverkehr anwesend sein, damit beim Geschlechtsverkehr mit dem Partner sexuelle Erregung erlebt werden kann (Abel und Osborn 1992). Für Menschen mit fetischistischer Neigung stellt es daher in einigen Fällen eine Herausforderung dar, diese in eine Beziehung zu integrieren, da eine anfängliche Neugier vonseiten des Partners dem Gefühl weichen kann, ungeliebt zu sein. Partner können das Gefühl haben, nicht ‚als ganze Person' geliebt und begehrt zu werden, sondern dass sich dies nur auf einzelne Körperteile oder die Anwesenheit des Objektsbezieht (Martin 2016).

Epidemiologie
Auf die Frage, ob „man jemals sexuell erregt wurde durch ein unbelebtes sexuelles Objekt, mit der Ausnahme eines Vibrators", stimmten von 1040 befragten Personen 26,3 % dem zu. Damit sind die solcherart definierten Fetische nach den voyeuristischen und exhibitionistischen Neigungen die am dritthäufigsten ausgelebte paraphile Neigung. Von den Männern stimmten 30,1 % dieser Frage zu, während dies bei 23,2 % der Frauen der Fall war (Joyal und Carpentier 2017). Diese Untersuchung kann jedoch nicht die Fragen beantworten, wie viele Personen ausschließlich durch den Fetisch erregt werden oder wie viele Personen unter der fetischistischen Störung leiden. Sie ermöglicht jedoch eine grobe Vorstellung von der relativen Größenordnung dieses sexuellen Interesses.

Ätiologie
Es besteht eine bedeutende Komorbidität zwischen fetischistischer und transvestitischer Störung. Nach Blanchard (2010) erfüllen 60,3 % der Männer mit Transvestitismus auch die Kriterien für eine fetischistische Störung. Ähnlich wie Personen mit transvestitischer Störung sind Personen mit geringer Wahrscheinlichkeit aufgrund dieser sexuellen Neigung in illegale Verhaltensweisen involviert (DSM-5 2013).

Es gibt verschiedene psychologische Theorien über die Ätiologie fetischistischer Neigungen. Nach psychoanalytischer Lesart dient der Fetisch als unbewusste Verteidigung gegen überwältigende Angst, deren Quelle in der Kindheitserfahrung liegt, als das Kind feststellte, dass es seine Mutter nicht allein für sich hatte (Nersessian 1998). In psychoanalytischer Tradition nimmt Stoller an, dass Erwachsene, die unter einer Bindungsstörung leiden, empfindsamer gegenüber Entwicklungsängsten sind und daher eher die beruhigenden Vorzüge eines Objektes, eines Fetisches, benötigen als Personen mit einer sicheren Bindung. Die wie sie sich auch in Übergangsobjekten bei Kindern, den Kuscheltieren, zeigen.

Nach klassischer Konditionierungstheorie entsteht eine fetischistische Neigung durch gleichzeitige Darbietung sexueller Reize und des späteren Fetischobjekts. An Tieren konnte im Labor durch eine Reihe von Experimenten nachgewiesen werden, dass durch Konditionierungsprozesse eine dauerhafte sexuelle Neigung zu unbelebten Objekten hergestellt werden kann (Köksal et al. 2004). Nach dieser Lesart entstehen Vorlieben für Fetische als zufälliges Beiprodukt sexueller Erregung.

Behandlung

Bei der Behandlung von fetischistischer Störung sind zwei Phänomene bedeutend. Zum einen werden fetischistische Störungen selten in Therapien thematisiert und zum anderen beruht deren Behandlung vornehmlich auf klinischer Erfahrung ohne starke empirische Evidenzbasierung (Martin 2016). Die geringe therapeutische Bedeutung ist zum Teil dadurch bedingt, dass fetischistische Neigungen sich in leichterer Ausprägung in vielen Fällen in eine partnerschaftliche Sexualität integrieren lassen, während bei stärkerer Ausprägung die Patienten häufig Stigmatisierung befürchten. In einem forensischen Kontext sind fetischistische Störungen relativ selten, was zum Teil daran liegt, dass fetischistische sexuelle Neigungen selbst in der Regel nur zu geringen Fremdbeeinträchtigungen führen (Abel und Osborn 1992).

Bei therapeutischer Unterstützung gilt Psychotherapie als die primär akzeptierte Behandlungsmodalität (Martin 2016). Ziel ist weniger die Beseitigung des Fetischismus als Phänomen, sondern vielmehr, durch die Einbeziehung des Partners verstärktes gegenseitiges Verständnis und Akzeptanz zu erzielen.

Literatur

American Psychiatric Association. (2015). *Diagnostische Kriterien DSM-5®: Deutsche Ausgabe herausgegeben von Peter Falkai und Hans-Ulrich Wittchen; mitherausgegeben von Manfred Döpfner, Wolfgang Gaebel, Wolfgang Maier, Winfried Rief, Henning Saß und Michael Zaudig.* Hogrefe Verlag.

Balon, R. (2016). Voyeuristic Disorder (S.63–75). In: Balon, R. (Ed.). (2016). *Practical guide to paraphilia and paraphilic disorders.* Springer International Publishing.

Balon, R. (2016). Exhibitionistic Disorder (S.77–91). In.: Balon, R. (Ed.). (2016). *Practical guide to paraphilia and paraphilic disorders.* Springer International Publishing.

Hopkins, T. A., Green, B. A., Carnes, P. J., & Campling, S. (2016). Varieties of intrusion: Exhibitionism and voyeurism. *Sexual Addiction & Compulsivity, 23*(1), 4–33.

Kaplan, M. S., & Krueger, R. B. (1997). Voyeurism: Psychopathology and theory. In D. R. Laws & W. O'Donohue (Eds.), Sexual deviance: Theory, assessment, and treatment (pp. 297–310). New York, NY: Guilford Press.

Långström, N., & Seto, M. C. (2006). Exhibitionistic and voyeuristic behavior in a Swedish national population survey. *Archives of Sexual Behavior, 35*(4), 427–435.

Rye, B. J., & Meaney, G. J. (2007). Voyeurism: It is good as long as we do not get caught. *International Journal of Sexual Health, 19*(1), 47–56.

American Psychiatric Association. (2013). Diagnostic and statistical manual of mental disorders (5th ed.). Arlington, VA: Authors

Blair, C. D., & Lanyon, R. I. (1981). Exhibitionism: Etiology and treatment. *Psychological Bulletin, 89*(3), 439.

Clark, S. K., Jeglic, E. L., Calkins, C., & Tatar, J. R. (2016). More than a nuisance: the prevalence and consequences of frotteurism and exhibitionism. *Sexual Abuse, 28*(1), 3–19.

Freund, K., Watson, R., & Rienzo, D. (1988). The value of self-reports in the study of voyeurism and exhibitionism. *Annals of Sex Research, 1*(2), 243–262.

Grant, J. E. (2005). Clinical characteristics and psychiatric comorbidity in males with exhibitionism. *The Journal of clinical psychiatry.*

Lang, R. A., Langevin, R., Checkley, K. L., & Pugh, G. (1987). Genital exhibitionism: Courtship disorder or narcissism?.*Canadian Journal of Behavioural Science/Revue canadienne des sciences du comportement, 19*(2), 216.

Långström, N. (2010). The DSM diagnostic criteria for exhibitionism, voyeurism, and frotteurism. *Archives of sexual behavior, 39*(2), 317–324.

Oswald, F., Lopes, A., Skoda, K., Hesse, C. L., & Pedersen, C. L. (2020). I'll show you mine so you'll show me yours: motivations and personality variables in photographic exhibitionism. *The Journal of Sex Research, 57*(5), 597–609.

Swindell, S., Stroebel, S. S., O'keefe, S. L., Beard, K. W., Robinett, S. R., & Kommor, M. J. (2011). Correlates of exhibition-like experiences in childhood and adolescence: A model for development of exhibitionism in heterosexual males. *Sexual Addiction & Compulsivity, 18*(3), 135–156.

Tziallas, E. (2015). Gamified eroticism: Gay male social networking" applications and self-pornography. *Sexuality & Culture, 19*(4), 759–775.

Vitis, L., & Gilmour, F. (2017). Dick pics on blast: A woman's resistance to online sexual harassment using humour, art and Instagram. *Crime, media, culture, 13*(3), 335–355.

Abel, G. G., Becker, J. V., Mittelman, M., Cunningham-Rathner, J., Rouleau, J. L., & Murphy, W. D. (1987). Self-reported sex crimes of nonincarcerated paraphiliacs. *Journal of interpersonal violence, 2*(1), 3–25.

Ahlers, C. J. (2010). *Paraphilie und Persönlichkeit: eine empirische Untersuchung zur Prävalenz von Akzentuierungen der Sexualpräferenz und ihrem Zusammenhang mit dem Fünf-Faktoren-Modell der Persönlichkeit* (Doctoral dissertation).

Balon, R. (2016). Frotteuristic Disorder (S.93–105). In: Balon, R. (Ed.). (2016). *Practical guide to paraphilia and paraphilic disorders.* Springer International Publishing.

Bradford, J. M., Boulet, J., & Pawlak, A. (1992). The paraphilias: A multiplicity of deviant behaviours. *The Canadian Journal of Psychiatry, 37*(2), 104–108.

Freund, K., & Seto, M. C. (1998). Preferential rape in the theory of courtship disorder. *Archives of Sexual Behavior, 27*(5), 433–443.

Johnson, R. S., Ostermeyer, B., Sikes, K. A., Nelsen, A. J., & Coverdale, J. H. (2014). Prevalence and treatment of frotteurism in the community: a systematic review. *Journal of the American Academy of Psychiatry and the Law Online, 42*(4), 478–483.

Joyal, C. C., & Carpentier, J. (2017). The prevalence of paraphilic interests and behaviors in the general population: A provincial survey. *The journal of sex research, 54*(2), 161–171.

Wylie, R. A., & Wylie, K. R. (2016). Sexual Masochism Disorder (S.107–122). In.: Balon, R. (Ed.). (2016). *Practical guide to paraphilia and paraphilic disorders.* Springer International Publishing.

Becker, J. V., Stinson, J., Tromp, S., & Messer, G. (2003). Characteristics of individuals petitioned for civil commitment. *International Journal of Offender Therapy and Comparative Criminology, 47*(2), 185–195.

Chivers, M. L., Roy, C., Grimbos, T., Cantor, J. M., & Seto, M. C. (2014). Specificity of sexual arousal for sexual activities in men and women with conventional and masochistic sexual interests. *Archives of sexual behavior, 43*(5), 931–940.

Coluccia, A., Gabbrielli, M., Gualtieri, G., Ferretti, F., Pozza, A., & Fagiolini, A. (2016). Sexual masochism disorder with asphyxiophilia: A deadly yet underrecognized disease. *Case reports in psychiatry, 2016.*

Critelli, J. W., & Bivona, J. M. (2008). Women's erotic rape fantasies: An evaluation of theory and research. *Journal of Sex Research, 45*(1), 57–70.

Freund, K., Seto, M. C., & Kuban, M. (1995). Masochism: A multiple case study. *SEXUOLOGIE-STUTTGART-, 2,* 313–324.

Hill, A., Habermann, N., Berner, W., & Briken, P. (2006). Sexual sadism and sadistic personality disorder in sexual homicide. *Journal of personality disorders, 20*(6), 671–684.

Kinsey, A. C., Pomeroy, W. B., Martin, C. E., & Gebhard, P. H. (1953). Sexual Behavior in the Human Female. Phila-delphia. *B. Saunders Co.*

Krueger, R. B. (2010). The DSM diagnostic criteria for sexual masochism. *Archives of sexual behavior, 39*(2), 346–356.

Moser, C., & Levitt, E. E. (1987). An exploratory-descriptive study of a sadomasochistically oriented sample. *Journal of Sex Research, 23*(3), 322–337.

Richters, J., De Visser, R. O., Rissel, C. E., Grulich, A. E., & Smith, A. M. (2008). Demographic and psychosocial features of participants in bondage and discipline, „sadomasochism or dominance and submission (BDSM): Data from a national survey. *The journal of sexual medicine, 5*(7), 1660–1668.

Richters, J., Grulich, A. E., de Visser, R. O., Smith, A. M., & Rissel, C. E. (2003). Sex in Australia: Autoerotic, esoteric and other sexual practices engaged in by a representative sample of adults. *Australian and New Zealand journal of public health, 27*(2), 180–190.

Sandnabba, N. K., Santtila, P., Alison, L., & Nordling, N. (2002). Demographics, sexual behaviour, family background and abuse experiences of practitioners of sadomasochistic sex: A review of recent research. *Sexual and Relationship Therapy, 17*(1), 39–55.

Spengler, A. (1977). Manifest sadomasochism of males: Results of an empirical study. *Archives of Sexual Behavior, 6*(6), 441–456.

Wright, S. (2006). Discrimination of SM-identified individuals. *Journal of Homosexuality, 50*(2-3), 217–231.

Bradford, J. M., & Pawlak, A. (1993). Double-blind placebo crossover study of cyproterone acetate in the treatment of the paraphilias. *Archives of Sexual Behavior, 22*(5), 383–402.

Chan, H. C., & Heide, K. M. (2009). Sexual homicide: A synthesis of the literature. *Trauma, Violence, & Abuse, 10*(1), 31–54.

Crepault, C., & Couture, M. (1980). Men's erotic fantasies. *Archives of Sexual Behavior, 9*(6), 565–581.

Dietz, P. E., Hazelwood, R. R., & Warren, J. (1990). The sexually sadistic criminal and his offenses. *Journal of the American Academy of Psychiatry and the Law Online, 18*(2), 163–178.

Fedoroff, J. P. (2008). Sadism, sadomasochism, sex, and violence. *The Canadian Journal of Psychiatry, 53*(10), 637–646.

Hamilton, D. V., & Rosen, J. (2016). Sexual Sadism Disorder. In: Balon, R. (Ed.) Practical Guide to Paraphilia and Paraphilic Disorders. Springer: Cham, Switzerland.

Hanson, R. K., & Yates, P. M. (2013). Psychological treatment of sex offenders. *Current Psychiatry Reports, 15*(3), 348.

Kirsch, L. G., & Becker, J. V. (2007). Emotional deficits in psychopathy and sexual sadism: Implications for violent and sadistic behavior. *Clinical psychology review, 27*(8), 904–922.

Krueger, R. B. (2010). The DSM diagnostic criteria for sexual sadism. *Archives of Sexual Behavior, 39*(2), 325–345.

Marshall, W. L., & Kennedy, P. (2003). Sexual sadism in sexual offenders: An elusive diagnosis. *Aggression and Violent Behavior, 8*(1), 1–22.

Nitschke, J., Mokros, A., Osterheider, M., & Marshall, W. L. (2013). Sexual sadism: Current diagnostic vagueness and the benefit of behavioral definitions. *International Journal of Offender Therapy and Comparative Criminology, 57*(12), 1441–1453.

Seto, M. C., Lalumière, M. L., Harris, G. T., & Chivers, M. L. (2012). The sexual responses of sexual sadists. *Journal of Abnormal Psychology, 121*(3), 739.

Studer, L. H., Aylwin, A. S., & Reddon, J. R. (2005). Testosterone, sexual offense recidivism, and treatment effect among adult male sex offenders. *Sexual Abuse: A Journal of Research and Treatment, 17*(2), 171–181.

Thibaut, F. (2012). Pharmacological treatment of paraphilias. *Isr J Psychiatry Relat Sci, 49*(4), 297–305.

Ahlers, C. J., Schaefer, G. A., Mundt, I. A., Roll, S., Englert, H., Willich, S. N., & Beier, K. M. (2011). How unusual are the contents of paraphilias? Paraphilia-associated sexual arousal patterns in a community-based sample of men. *The journal of sexual medicine, 8*(5), 1362–1370.

Alanko, K., Salo, B., Mokros, A., & Santtila, P. (2013). Evidence for heritability of adult men's sexual interest in youth under age 16 from a population-based extended twin design. *The Journal of Sexual Medicine, 10*(4), 1090–1099.

Bridge, E., & Duman, N. (2018). Identifying pedophilia. *Life Skills Journal of Psychology, 2*(4), 215–222.

Cantor, J. M., & McPhail, I. V. (2016). Non-offending pedophiles. *Current Sexual Health Reports, 8*(3), 121–128.

Dombert, B., Schmidt, A. F., Banse, R., Briken, P., Hoyer, J., Neutze, J., & Osterheider, M. (2016). How common is men's self-reported sexual interest in prepubescent children? *The Journal of Sex Research, 53*(2), 214–223.

Holoyda, B. J., & Kellaher, D. C. (2016). The biological treatment of paraphilic disorders: an updated review. *Current psychiatry reports, 18*(2), 19.

Imhoff, R. (2015). Punitive attitudes against pedophiles or persons with sexual interest in children: Does the label matter? *Archives of sexual behavior, 44*(1), 35–44.

Jahnke, S., Imhoff, R., & Hoyer, J. (2015). Stigmatization of people with pedophilia: Two comparative surveys. *Archives of sexual behavior, 44*(1), 21–34.

Lösel, F., & Schmucker, M. (2005). The effectiveness of treatment for sexual offenders: A comprehensive meta-analysis. *Journal of Experimental Criminology, 1*(1), 117–146.

Moulden, H. M., Firestone, P., Kingston, D., & Bradford, J. (2009). Recidivism in pedophiles: An investigation using different diagnostic methods. *The Journal of Forensic Psychiatry & Psychology, 20*(5), 680–701.

Müller, K., Curry, S., Ranger, R., Briken, P., Bradford, J., & Fedoroff, J. P. (2014). Changes in sexual arousal as measured by penile plethysmography in men with pedophilic sexual interest. *The journal of sexual medicine, 11*(5), 1221–1229.

Seto, M. C. (2012). Is pedophilia a sexual orientation?.*Archives of sexual behavior, 41*(1), 231–236.

Seto, M. C. (2008). *Pedophilia and sexual offending against children: Theory, assessment, and intervention.* American Psychological Association.

Seto, M. C. (2010). Child pornography use and internet solicitation in the diagnosis of pedophilia. *Archives of sexual behavior, 39*(3), 591–593.

Walter, G., & Pridmore, S. (2012). Suicide and the publicly exposed pedophile. *The Malaysian Journal of Medical Sciences: MJMS, 19*(4), 50.

Balon, R. (2016). Transvestic Disorder (S.171–185). In: Balon, R. (Ed.). (2016). *Practical guide to paraphilia and paraphilic disorders.* Springer International Publishing.

Brown, G. R., Wise, T. N., Costa, P. T., Herbst, J. H., Fagan, P. J., & Schmidt, C. W. (1996). Personality characteristics and sexual functioning of 188 cross-dressing men. *Journal of Nervous and Mental Disease.*

Buhrich, N., & Beaumont, T. (1981). Comparison of transvestism in Australia and America. *Archives of Sexual Behavior, 10*(3), 269–279.

Dzelme, K., & Jones, R. A. (2001). Male Cross-Dressers in Therapy: A Solution-Focused Perspective for Marriage. *American Journal of Family Therapy, 29*(4), 293–305.

Långström, N., & Zucker, K. J. (2005). Transvestic fetishism in the general population. *Journal of Sex & Marital Therapy, 31*(2), 87–95.

Blanchard, R. (2010). The DSM diagnostic criteria for transvestic fetishism. *Archives of Sexual Behavior, 39*(2), 363–372.

Abel, G. G., & Osborn, C. (1992). The paraphilias: The extent and nature of sexually deviant and criminal behavior. *Psychiatric Clinics, 15*(3), 675–687.

Scorolli, C., Ghirlanda, S., Enquist, M., Zattoni, S., & Jannini, E. A. (2007). Relative prevalence of different fetishes. *International Journal of Impotence Research, 19*(4), 432–437.

Köksal, F., Domjan, M., Kurt, A., Sertel, Ö., Örüng, S., Bowers, R., & Kumru, G. (2004). An animal model of fetishism. *Behaviour research and therapy, 42*(12), 1421–1434.

Martin, S. F. (2016). Fetishistic Disorder (S.155–169). In: Balon, R. (Ed.). (2016). *Practical guide to paraphilia and paraphilic disorders.* Springer International Publishing.

Nersessian, E. (1998). A cat as fetish: A contribution to the theory of fetishism. *International journal of psycho-analysis, 79*, 713–725.

Weinberg, M. S., Williams, C. J., & Calhan, C. (1994). Homosexual foot fetishism. *Archives of Sexual Behavior, 23*(6), 611–626.

Geschlechtsdysphorie 4

Geschlechtsdysphorien gibt es im DSM-5 (2015) in zwei Varianten, als ‚Geschlechtsdysphorie bei Kindern' und als ‚Geschlechtsdysphorie bei Jugendlichen und Erwachsenen'. Sie wurden in früheren Klassifikationen und bei wissenschaftlichen Untersuchungen als „Störung der Geschlechtsidentität" oder als „Transsexualismus" beschrieben. In der ab 2022 gültigen ICD-11 werden ‚Störungen der Geschlechtsidentität' nicht mehr in den Abschnitt ‚Mentale und Verhaltensstörungen' eingeordnet, sondern in den Abschnitt ‚Conditions related to sexual health', was zu einer Depathologisierung beitragen soll. Geschlechts identität umfasst geschlechtsbezogene Aspekte der menschlichen Identität und wird oft verwechselt mit der sexuellen Orientierung (Bonifacio und Rosenthal, 2015). Personen mit Geschlechtsdysphorie können dabei, wie Personen ohne Geschlechtsdysphorie oder ‚Transsexualismus' auch, jede sexuelle Orientierung aufweisen. Häufig wird auch der Begriff ‚Transgender' verwendet, der als ein Sammelbegriff gebraucht wird für Menschen mit Geschlechtsdysphorie und Menschen, die an einer Inkongruenz zwischen dem biologischem („Sex") und dem sozialen Geschlecht („Gender") leiden. Um Geschlechtsdysphorie bei Kindern, Jugendlichen und Erwachsen gibt es aktuell einen extrem emotionalen Diskurs hinsichtlich Diagnose und Behandlung (Fuss et al. 2015).

4.1 Geschlechtsdysphorie bei Jugendlichen und Erwachsenen (F64.1)

Definition nach DSM-5 (2015)

A. Eine seit mindestens 6 Monaten bestehende ausgeprägte Diskrepanz zwischen Gender und Zuweisungsgeschlecht, wobei mindestens zwei der folgenden Kriterien erfüllt sein müssen

1. Ausgeprägte Diskrepanz zwischen Gender und den primären und/oder sekundären Geschlechtsmerkmalen (oder, bei Jugendlichen, den erwarteten sekundären Geschlechtsmerkmalen).

2. Ausgeprägtes Verlagen, die eigenen primären und/oder sekundären Geschlechtsmerkmale loszuwerden (oder, bei Jugendlichen, das Verlangen, die Entwicklung der erwarteten sekundären Geschlechtsmerkmale zu verhindern).

3. Ausgeprägtes Verlangen nach den primären und/oder sekundären Geschlechtsmerkmalen des anderen Geschlechts.

4. Ausgeprägtes Verlangen, dem anderen Geschlecht anzugehören (oder einem alternativen Gender, das sich vom Zuweisungsgeschlecht unterscheidet).

5. Ausgeprägtes Verlangen danach, wie das andere Geschlecht behandelt zu werden (oder wie ein alternatives Gender, das sich vom Zuweisungsgeschlecht unterscheidet).

6. Ausgeprägte Überzeugung, die typischen Gefühle und Reaktionsweisen des anderen Geschlechts aufzuweisen (oder die eines alternativen Gender, das sich vom Zuweisungsgeschlecht unterscheidet)

Die Anzahl von Jugendlichen, die in spezialisierte Kliniken für Geschlechtsdysphorie überwiesen werden, nimmt international deutlich zu (Aitken et al. 2015), was die Frage aufwirft, ob nur die Bereitschaft ansteigt, fachgerechte medizinische Versorgung in Anspruch zu nehmen oder ob das Phänomen der Geschlechtsinkongruenzen als solches im Anstieg begriffen ist. Einige Autoren beschreiben eine Rapid-Onset-Geschlechtsdysphorie, bei der es zu geschlechtsdysphorischen Phänomenen im Rahmen von jugendlichen Gruppenbildungen komme (Littmann 2018), die wiederum durch soziale Mediennutzung verstärkt werden. Andere nehmen an, dass der ‚Rapid-Onset' vielmehr eine Außenperspektive widerspiegelt, die den längeren inneren Prozess der Gewahrwerdung der Geschlechtsidentität nicht mitbekam (Günther et al. 2019) und die Zunahme der Fallzahlen mit zunehmender gesellschaftlicher Akzeptanz in Zusammenhang bringt.

Personen, die sich als transgender identifizieren, sind mit bedeutend erhöhter Wahrscheinlichkeit von Schulmobbing, Depressionen und Suizidversuchen betroffen (Clark et al. 2014), was zunehmend durch Diskriminierungserfahrungen, Stigmatisierung und Vorurteile erklärt wird. Kaltiala-Heino et al. (2015) berichten hingegen, dass das Mobbing zwar ein gravierendes Problem auch bei ihrem Patienten in Finnland war, bei der Mehrheit der Betroffenen jedoch bereits vor dem

Beginn der Geschlechtsdysphorie eingesetzt und sich nicht gegen das Geschlecht gerichtet habe.

Epidemiologie
Die Prävalenz von Geschlechtsdysphorie variiert deutlich zwischen verschiedenen Erhebungen. Das DSM-5 berichtet eine Prävalenz von 0,005 % bis 0,014 % bei biologischen Männern und 0,002 % bis 0,003 % bei biologischen Frauen. Diese Zahlen basieren auf Schätzungen von Behandlungsanfragen und können eine Unterschätzung darstellen (DSM-5 2013). In einer nationalen Erhebung in Neuseeland an mehr als 8000 Personen in weiterführenden Schulen identifizierten sich 1,2 % als transgender, während 2,5 % sich ihres Genders nicht sicher waren (Clark et al. 2014).

Ätiologie
Die Entwicklung und Aufrechterhaltung einer Geschlechtsdysphorie wird als multifaktoriell verursacht betrachtet (Korte et al. 2008). Dabei spielen biologische, psychologische und soziale Faktoren eine Rolle. Die Persistenz der Geschlechtsdysphorie bei Jugendlichen und Erwachsenen ist ohne Behandlung hoch (Steensma et al. 2013). Als entscheidend für die Stabilität der Geschlechtsdysphorie ist dabei die Phase zwischen dem zehnten und 13. Lebensjahr (Steensma et al. 2011).

Therapy Tara erklärt:
Zwischen dem zehnten und dem 13. Lebensjahr verändert sich viel in der Zufriedenheit mit dem eigenen Geschlecht bei jungen Menschen.

Genetische Einflüsse spielen eine bedeutende Rolle: Heylens et al. (2012) berichten, dass bei monozygoten Zwillingen eine Wahrscheinlichkeit von 39,1 % vorlag, dass das Geschwisterkind ebenfalls transident ist, was einen bedeutenden, aber nicht alleinigen genetischen Einfluss belegt. Es gibt eine erhöhte Komorbidität der Geschlechtsdysphorie mit Autismus. Die komorbide Prävalenz von Störungen aus dem Bereich der Autismus-Spektrums-Störungen beträgt nach Kaltiala-Heino et al. (2015) 26 %, was möglicherweise mit strikten Rollenvorstellungen von Personen mit Autismus zusammenhängt. Darüber hinaus sind falsch verstandene homosexuelle Neigungen häufig (de Vries und Cohen-Kettenis 2012; Korte et al. 2008).

Hinsichtlich der psychologischen Theorien wird eine entwicklungspsychologische Komponente diskutiert, nach der die Geschlechtsdysphorie das Resultat des Scheiterns der Entwicklung der sexuellen Reifung ist, da für betroffene Jugendliche die Geschlechtsumwandlung als lösbar, andere Entwicklungsaufgaben als nicht lösbar erschienen (Korte et al. 2008). Bei der Entwicklung der Symptomatik der geschlechtsdysphorischen Kinder und Jugendlichen ist es essenziell, die Psychopathologie der Bezugspersonen zu betrachten, da Eltern von Kindern mit Geschlechtsdysphorie in mehr Fällen psychische Auffälligkeiten haben (Zucker et al. 2003) als Eltern von Kindern ohne Geschlechtsdysphorie. Inwiefern diese Ursache oder Wirkung oder unabhängige Begleiterscheinung der Geschlechtsdysphorie sind, ist bisher nicht geklärt.

Korte et al. (2008) weisen darauf hin, dass allgemeingültige Aussagen aufgrund der aktuell vorhandenen Datenlage nicht zu treffen sind.

Behandlung

Es gibt aktuell zwei Positionen zur Behandlung von Geschlechtsdysphorie, von denen die eine,später zu behandeln, insbesondere in England und Kanada und die andere, frühzeitig zu behandeln, vorwiegend in den Niederlanden vertreten wird. Nach der Position, dass später behandelt werden sollte, reicht auch ein deutliches Unbehagen hinsichtlich des eigenen Geschlechts bei Kindern und Jugendlichen nicht aus, um eine körperliche Behandlung einzuleiten, da nur bei einer Minderheit der betroffenen Kinder dies als Zeichen einer irreversiblen transsexuellen Entwicklung gelte. Entsprechend dieser Position wird eine Hormonbehandlung oder eine Operation nicht vor Abschluss der körperlichen und psychosexuellen Entwicklung empfohlen (Korte et al. 2008).

Bei der Position, dass frühzeitig behandelt werden sollte (De Vries und Cohen-Kettenis 2012), werden ab einem Alter von zwölf Jahren den geschlechtsdysphorischen Kindern und Jugendlichen Hormone gegeben, sogenannte Luteinisierendes-Hormon-Releasing-Hormon(LHRH)-Analoga. Dies soll den Patienten Zeit geben, die eigene Geschlechtsdysphorie zu überprüfen und irreversible körperliche Veränderungen in Richtung des sich entwickelnden biologischen Geschlechts zu verhindern.

Die Behandlung erfolgt nach den Standards of Care der World Professional Association for Transgender Health (Coleman et al. 2012) in verschiedenen Schritten. Dabei gibt es eine diagnostische Phase, eine Phase, bei der im Alltag die gewünschte Rolle ausgelebt wird sowie Hormone verschrieben werden, und eine optionale chirurgische Phase.

Medizinische Interventionen können unterteilt werden in reversible, teilweise reversible und irreversible Interventionen (De Vries und Cohen-Kettenis 2012). Zu den vollständig reversiblen Interventionen zählen nach De Vries und Cohen-Kettenis (2012) pubertätsblockierende Hormone wie Gonadotropin-freisetzende Hormon-Agonisten (GnRHa), wobei Korte und Kollegen (2008) die Auffassung vertreten, dass bestimmte mentale und körperliche Veränderungen den Kindern vorenthalten werden, die nicht rückgängig gemacht werden können. So verursache Pubertätssuppression mittels GnRHa eine Verminderung der Intelligenz (Hayes 2017) und des Gedächtnisses (Wojniusz et al. 2016).

Teilweise reversible Interventionen betreffen den Einsatz von gegengeschlechtlichen Hormonen. Zentral für die hormonelle Behandlung von Frau-zu-Mann (FzM)- Transgenderjugendlichen ist der Einsatz von Testosteron. Dieses bewirkt eine tiefere Stimme, zunehmende Muskelmasse und Wachstum von Gesichtsbehaarung. Zu beachten ist, dass Stimmveränderungen, Klitoriswachstum und Fettumverteilung irreversible Veränderungen sind (Bonifacio und Rosenthal 2015). Für die hormonelle Behandlung von Mann-zu-Frau (MzF)- Transgenderjugendlichen ist Östrogen mit einem Antiandrogen zentral. Die Reduktion von Androgenen führen zu abnehmender Behaarung, wohingegen Östrogen zu einer Brust und Hüftentwicklung führt. Chirurgische Eingriffe sind vollständig irreversibel (De Vries und Cohen-Kettenis 2012). Zu den chirurgischen Optionen können Mastektomien bei MzF-Transgenderpersonen und Brustvergrößerungen bei MzF-Transgenderpersonen gehören.

In einer jüngeren Studie von Ruppin und Pfäffling (2015) wurde die Langzeitwirkung der Behandlung von transsexuellen Personen beschrieben. Dazu wurden 71 Personen mit fast ausgeglichenem Geschlechterverhältnis knapp 13 Jahre nach dem Transitionsprozess ausführlich befragt. Die Befragten gaben insgesamt eine gute Zufriedenheit mit sich selbst und ihrer sozialen Integration an und viele hatten auch eine feste Beziehung. Der Behandlungsprozess wurde insgesamt positiv bewertet und hat laut den Studienergebnissen zu einer bedeutsamen Reduktion der Geschlechtsdysphorie beigetragen.

4.2   Geschlechtsdysphorie bei Kindern (F64.2)

Definition nach DSM-5 (2015)

A. Eine seit mindestens 6 Monaten bestehende ausgeprägte Diskrepanz zwischen Gender und Zuweisungsgeschlecht, wobei mindestens sechs der folgenden Kriterien erfüllt sein müssen:

1. Ausgeprägtes Verlangen oder Insistieren, dem anderen Geschlecht (oder einem alternativen Gender, das sich vom Zuweisungsgeschlecht unterscheidet) anzugehören.

2. Bei Kindern mit männlichem Zuweisungsgeschlecht: ausgeprägte Vorliebe, sich weiblich zu kleiden und zu schminken; bei Kindern mit weiblichem Zuweisungsgeschlecht: ausgeprägte Vorliebe für ausschließlich typisch maskuline Kleidung und großer Widerstand, typisch feminine Kleidung zu tragen.

3. Ausgeprägte Vorliebe dafür, in Rollen- und Fantasiespielen gegengeschlechtliche Rollen einzunehmen.

4. Ausgeprägte Vorliebe für Spielzeug, Spiele oder Aktivitäten, mit denen sich Kinder des anderen Geschlechts typischerweise beschäftigen

5. Ausgeprägte Vorliebe für Spielgefährten des anderen Geschlechts

6. Bei Kindern mit männlichem Zuweisungsgeschlecht: ausgeprägte Ablehnung typisch jungenhafter Spiele, Spielzeug und Aktivitäten und ausgeprägte Vermeidung von Raufen und Balgen; bei Kindern mit weiblichem Zuweisungsgeschlecht: ausgeprägte Ablehnung typisch mädchenhafter Spiele, Spielzeug und Freizeitaktivitäten

7. Ausgeprägte Ablehnung der eigenen primären Geschlechtsmerkmale.

8. Ausgeprägtes Verlangen nach den primären und/oder sekundären Geschlechtsmerkmalen im Einklang mit dem erlebten Gender.

Studious Sophie:
Geschlechtsdysphorie bei Kindern ist ein kontroverses Thema mit zunehmender gesellschaftlicher Bedeutung und Sichtbarkeit!

Störungen der Geschlechtsidentität bzw. geschlechtsdysphorisches Erleben und geschlechtsdysphorische Verhaltensweisen können bereits ab dem frühen Kleinkindalter auftreten (Korte et al. 2008). Geschlechtsvariables Verhalten und selbst der Wunsch, einem anderen Geschlecht anzugehören, kann dabei Teil einer Phase oder einer normalen Entwicklungsvariante sein ohne negative Auswirkungen für die betroffenen Kinder. Langzeituntersuchungen haben ergeben, dass nur ein kleiner Anteil von Kindern mit Geschlechtsdysphorie später im Leben transsexuell geworden ist, dass also die Geschlechtsdysphorie nicht von Dauer ist (de Vries und Cohen-Kettenis 2012). Die Wahrscheinlichkeit einer dauerhaften geschlechts-dysphorischen bzw. transsexuellen Entwicklung beträgt zwischen 10 % und 27 % (Wallien und Cohen-Kettenis, 2008), wobei diese Zahlen sich auf Kinder beziehen, die in spezialisierte Kliniken kommen. Häufiger stellt sich jedoch heraus, dass die Kinder statt der transsexuellen Entwicklung eine homosexuelle Orientierung entwickeln (Korte et al. 2008). Zu berücksichtigen ist, dass geschlechtsvariables Verhalten einen Risikofaktor für körperlichen, psychologischen und sexuellen Missbrauch (Bonifacio und Rosenthal 2015) darstellt. So haben geschlechtsdysphorische Kinder beispielsweise eine erhöhte Wahrscheinlichkeit in der Schule abgelehnt und gemobbt zu werden.

Epidemiologie
Bei einer Untersuchung von sieben- bis zehnjährigen niederländischen Zwillingen gab es bei 0,9–1.7 % der Kinder den Wunsch, einem anderen Geschlecht anzugehören (van Beijsterveldt et al. 2006). Verhaltensweisen, die mit dem anderen Geschlecht assoziiert sind, waren in dieser Studie mit Werten zwischen 2,4 % und 5,2 % häufiger.
Bei Kindern zwischen drei und zwölf Jahren zeigte sich, dass Jungen häufiger aufgrund des Verdachts einer Geschlechtsdysphorie in Kliniken gebracht werden (Zucker und Lawrence 2009). Während der Pubertät ist das Geschlechterverhältnis fast ausgeglichen (Bonifacio und Rosenthal 2015).

Ätiologie Der aktuelle Stand der Forschung legt nahe, dass psychologische, soziale und biologische Faktoren bei der Entstehung der Geschlechtsdysphorie bei Kindern eine Rolle spielen (Korte et al. 2008). Genetische Faktoren spielen eine prominente Rolle zu spielen. Bei monozygoten Zwillingen gibt es eine Wahrscheinlichkeit von 39,1 %, dass das Geschwisterkind ebenfalls transident ist (Heylens et al. 2012). De Vries und Cohen-Kettenis (2012) merken dazu an, dass die Forschung zu den Ursachen zu Geschlechtsdysphorie noch am Anfang steht.

Behandlung Der therapeutische Ansatz bei der Geschlechtsdysphorie bei Kindern ist nicht gegen die Geschlechtsdysphorie selbst gerichtet. Vielmehr werden die Eltern unterstützt, den Kindern ein breites Feld an Aktivitäten mit verschiedenen Personen zu ermöglichen, die auch mit dem angeborenen Geschlecht passend sind. Geschlechtsvariables Verhalten soll ebenfalls nicht unterbunden werden (de Vries und Cohen-Kettenis 2012). Außerdem wird davon abgeraten, dass junge

Kinder eine vollständige soziale Transition mit Kleidung- oder Namensänderung vornehmen, da die Geschlechtsdysphorie vieler Kinder nicht stabil ist. Bonifacio und Rosenthal (2015) befürworten ein affirmatives Modell, das Eltern ermutigt, das geschlechtsvariable Verhalten ihrer Kinder zu unterstützen. Zu den bedeutendsten Prämissen des affirmativen Modells gehören die Annahmen, dass 1. Geschlechtsvariationen keinen Störungen sind, dass 2. Geschlechter divers sind und kulturell variieren und daher kulturelle Sensibilität benötigen dass 3. Geschlechter fluide sind und häufig nicht binär und dass 4. psychische Probleme der Betroffenen häufig durch negative Reaktionen der Umwelt verursacht sind. In diesem Sinne ist es essenziell, den Kindern eine sichere Umgebung zu ermöglichen, damit sie ihr Geschlecht selbstständig explorieren können und eine äußere Repräsentation finden, die zu ihrer inneren Geschlechtsidentität passt.

Literatur

American Psychiatric Association. (2015). *Diagnostische Kriterien DSM-5®: Deutsche Ausgabe herausgegeben von Peter Falkai und Hans-Ulrich Wittchen; mitherausgegeben von Manfred Döpfner, Wolfgang Gaebel, Wolfgang Maier, Winfried Rief, Henning Saß und Michael Zaudig.* Hogrefe Verlag.

Bonifacio, H. J., & Rosenthal, S. M. (2015). Gender variance and dysphoria in children and adolescents. *Pediatric Clinics, 62*(4), 1001–1016.

Fuss, J., Auer, M. K., & Briken, P. (2015). Gender dysphoria in children and adolescents: a review of recent research. *Current opinion in psychiatry, 28*(6), 430–434.

Aitken, M., Steensma, T. D., Blanchard, R., VanderLaan, D. P., Wood, H., Fuentes, A., ... & Leef, J. H. (2015). Evidence for an altered sex ratio in clinic-referred adolescents with gender dysphoria. *The Journal of Sexual Medicine, 12*(3), 756–763.

Clark, T. C., Lucassen, M. F., Bullen, P., Denny, S. J., Fleming, T. M., Robinson, E. M., & Rossen, F. V. (2014). The health and well-being of transgender high school students: results from the New Zealand adolescent health survey (Youth'12). *Journal of Adolescent Health, 55*(1), 93–99.

Coleman, E., Bockting, W., Botzer, M., Cohen-Kettenis, P., DeCuypere, G., Feldman, J., ... & Monstrey, S. (2012). Standards of care for the health of transsexual, transgender, and gender-nonconforming people, version 7. *International journal of transgenderism, 13*(4), 165–232.

De Vries, A. L., & Cohen-Kettenis, P. T. (2012). Clinical management of gender dysphoria in children and adolescents: the Dutch approach. *Journal of homosexuality, 59*(3), 301–320.

Günther, M., Teren, K., & Wolf, G. (2019). *Psychotherapeutische Arbeit mit trans* Personen. Handbuch für die Gesundheitsversorgung.* Reinhardt Verlag: München.

Hayes, P. (2017). Commentary: cognitive, emotional, and psychosocial functioning of girls treated with pharmacological puberty blockage for idiopathic central precocious puberty. *Frontiers in Psychology, 8*, 44.

Heylens, G., De Cuypere, G., Zucker, K. J., Schelfaut, C., Elaut, E., Bossche, H. V., ... & T'Sjoen, G. (2012). Gender identity disorder in twins: a review of the case report literature. *The Journal of Sexual Medicine, 9*(3), 751–757.

Kaltiala-Heino, R., Sumia, M., Työläjärvi, M., & Lindberg, N. (2015). Two years of gender identity service for minors: overrepresentation of natal girls with severe problems in adolescent development. *Child and Adolescent Psychiatry and Mental Health, 9*(1), 9.

Korte, A., Goecker, D., Krude, H., Lehmkuhl, U., Grüters-Kieslich, A., & Beier, K. M. (2008). Geschlechtsidentitätsstörungen im Kindes-und Jugendalter. *Dtsch Arztebl, 105*(48), 834–481.

Littman, L. (2018). Rapid-onset gender dysphoria in adolescents and young adults: A study of parental reports. *PloS one, 13*(8), e0202330.

Ruppin, U., & Pfäfflin, F. (2015). Long-term follow-up of adults with gender identity disorder. *Archives of sexual behavior, 44*(5), 1321–1329.

Steensma, T. D., Kreukels, B. P., de Vries, A. L., & Cohen-Kettenis, P. T. (2013). Gender identity development in adolescence. *Hormones and behavior, 64*(2), 288–297.

Steensma, T. D., Biemond, R., de Boer, F., & Cohen-Kettenis, P. T. (2011). Desisting and persisting gender dysphoria after childhood: a qualitative follow-up study. *Clinical child psychology and psychiatry, 16*(4), 499–516.

Wojniusz, S., Callens, N., Sütterlin, S., Andersson, S., De Schepper, J., Gies, I., ... & Vogele, C. (2016). Cognitive, emotional, and psychosocial functioning of girls treated with pharmacological puberty blockage for idiopathic central precocious puberty. *Frontiers in Psychology, 7*, 1053.

Zucker, K. J., Bradley, S. J., Ben-Dat, D. N., Ho, C., Johnson, L., & Owen, A. (2003). Psychopathology in the parents of boys with gender identity disorder. *Journal of the American Academy of Child and Adolescent Psychiatry, 42*(1), 2.

Van Beijsterveldt, C. E. M., Hudziak, J. J., & Boomsma, D. I. (2006). Genetic and environmental influences on cross-gender behavior and relation to behavior problems: A study of Dutch twins at ages 7 and 10 years. *Archives of sexual behavior, 35*(6), 647–658.

Wallien, M. S., & Cohen-Kettenis, P. T. (2008). Psychosexual outcome of gender-dysphoric children. *Journal of the American Academy of Child & Adolescent Psychiatry, 47*(12), 1413–1423.

Zucker, K. J., & Lawrence, A. A. (2009). Epidemiology of gender identity disorder: Recommendations for the standards of care of The World Professional Association for Transgender Health. *International Journal of Transgenderism, 11*(1), 8–18.

Was Sie aus diesem *essential* mitnehmen können

- Sexualität ist ein zentraler Teil menschlichen Daseins und kann Identität ausmachen, Wohlbefinden bewirken und Bindungen stärken.
- Beeinträchtigungen und Störungen der Sexualität können tiefgreifende Auswirkungen haben und zu schweren Belastungen führen.
- Sexuelle Störungen haben zunehmende klinische und gesellschaftliche Relevanz.

© Der/die Herausgeber bzw. der/die Autor(en), exklusiv lizenziert durch
Springer Fachmedien Wiesbaden GmbH, ein Teil von Springer Nature 2020
T. Marhenke, *Sexuelle Störungen*, essentials,
https://doi.org/10.1007/978-3-658-32169-7

Printed in the United States
By Bookmasters